जम्मू–कश्मीर

(पाँच हजार वर्ष का ऐतिहासिक घटनाक्रम)

जम्मू-कश्मीर

(पाँच हजार वर्ष का ऐतिहासिक घटनाक्रम)

रवीन्द्र कुमार

Publications

कल्पाज़ पब्लिकेशंस

दिल्ली-110052

जम्मू–कश्मीर

(पाँच हजार वर्ष का ऐतिहासिक घटनाक्रम)

मूल्य : 540

ISBN : 81-7835-552-3

भारत में सन् 2007 में प्रकाशित

कल्पाज़ पब्लिकेशंस

सी-30, सत्यवती नगर, दिल्ली-100052

ई-मेल : kalpaz@hotmail.com

लेज़र टाईप सैटिंग : ***Naresh Computers***

प्रिंटिंग : ***Salasar Imaging System, New Delhi***

अनुक्रम

आत्मकथ्य

जम्मू-कश्मीर राज्य के प्रति मेरी जिज्ञासा का प्रारम्भ उस समय हुआ, जब मेरी आयु लगभग सात वर्ष की रही होगी। इसका कारण यह नहीं था कि मैं कश्मीरी हूँ या मेरे किसी पुरखे का कोई सम्बन्ध इस क्षेत्र से रहा है। मेरे कश्मीर से लगाव के दो और कारण थे। इनमें प्रथम कारण तो यह था कि अपने प्रारम्भिक अध्ययनकाल में कश्मीर घाटी की सुन्दरता और ताजगी के बारे में मैंने पढ़ा था। मैं दूसरी या तीसरी कक्षा का छात्र था। उस समय के मेरे पाठ्यक्रम में एक ऐसी पुस्तक थी, जिसमें कश्मीर की भौगोलिक, ऐतिहासिक तथा सांस्कृतिक झलक को दर्शाता हुआ एक पाठ सम्मिलित किया गया था। पाठ में कुछ चित्र थे। वे चित्र इतने सजीव थे कि आज तक मेरे मानस-पटल पर अंकित हैं। श्रीनगर की डल झील में शिकारा (हाउसबोट), चिनार के वृक्ष एवं दूर-दूर तक फैले हुए पुष्पों के उद्यान उन चित्रों के माध्यम से प्रदर्शित किए गए थे। मेरी उसी समय से यह हार्दिक अभिलाषा रही थी कि मैं कश्मीर जाऊँ और सब कुछ प्रत्यक्षतः अपनी आँखों से देखूँ।

दूसरा कारण कश्मीर को जानने की मेरी अभिलाषा में घनी वृद्धि करता था। वह कारण था प्रत्येक संध्या में कश्मीर के श्रीनगर रेडियो केन्द्र से प्रसारित होने वाला एक कार्यक्रम। उस कार्यक्रम का नाम था 'वादी की आवाज़' और उसे मुंशी अल्ला रक्खा के निर्देशन में एक घंटे के समय के लिए प्रसारित किया जाता था। इस अवधि में मुख्यतः पंजाबी व हिन्दी

के लोकप्रिय गीतों के अतिरिक्त कभी-कभी हिन्दुस्तानी व स्थानीय भाषा के गानों व वार्ताओं का प्रसारण होता था। मुंशी अल्ला रक्खा के अतिरिक्त निक्की और शान्ता नामक दो युवतियाँ और अज़ीज़ नामक एक युवक कार्यक्रम के प्रसारण में प्रायः भाग लेते थे; मुंशी का वे सहयोग करते थे। शायद ही कोई दिन ऐसा होता था कि जब मैं इस कार्यक्रम को न सुनता हूँ। इसे मैं अकेला भी नहीं सुनता था। मेरे गाँव ककरौली में मेरे नाना व पिता-दोनों-रात्रिभोज के उपरान्त वस्त्रों की अपनी दूकान पर आ जाते थे। साढ़े सात बजे नहीं कि दोनों में से कोई एक रेडियो को खोल देता, जिसकी बहुत ही स्पष्ट आवाज़ थी और वह आवाज़ आस-पास के लोगों का ध्यानाकर्षित करती थी। तुरन्त ही एक के बाद एक पचास या सौ तक ग्रामीणजन, जिनमें प्रमुखतः संभ्रान्त मुसलमान घरों के, साथ ही कुछ अन्य जन भी, दूकान के सामने इकट्ठा हो जाते थे। उपरान्त शान्त होकर वे पूरी अवधि तक कार्यक्रम का आनन्द उठाते थे। इन लोगों में से बशीर, सगीर, यासीन और जुगमन्दरदास जैसे लोग कभी-कभी कार्यक्रम के दौरान कोई टिप्पणी कर देते, तो एकदम हँसी का फव्वारा-सा फूट पड़ता था। अधिक नहीं तो कम-से-कम दस वर्षों, अर्थात 1966 से 1975 तक मैंने इस कार्यक्रम में भरपूर रुचि ली थी। इससे मुझे जो आनन्द मिला था उसे मैं जीवनभर नहीं भुला पाऊँगा। विशेष करके मुंशी अल्ला रक्खा की जिन्दादिली, निक्की की वाकपटुता, शान्ता की सौम्यता और अज़ीज़ के उत्तरदायित्व के गुण को मैं आज तक अपने हृदय में सँजोए हुए हूँ। जिस प्रकार कश्मीर घाटी की सुन्दरता और ताजगी को देखने की मेरी इच्छा होती थी, उसी प्रकार मुंशी साहब और उनके दूसरे साथियों से भेंट करने का मन भी होता था।

वर्ष 1975 में जब नज़रबन्दी से मुक्त होकर शेख अब्दुल्ला श्रीनगर पहुँचे, तो उनके स्वागत में जो कार्यक्रम वहाँ आयोजित हुए थे, उनका आँखों देखा हाल वादी की आवाज़ पर प्रसारित हुआ था। मुंशी अल्ला रक्खा और निक्की आँखों देखा हाल सुना रहे थे। उस हाल में बोले गए अनेक वाक्य, विशेष रूप से भावी कश्मीर के सम्बन्ध में की गई टिप्पणियाँ, मुझे अभी भी याद हैं।

उक्त दो कारणों से उपजे लगाव और लगाव के परिणामस्वरूप कश्मीर घाटी की यात्रा की अभिलाषा की पूर्ति का सपना वर्षों से मैं हृदय में सँजोए रहा; मैं इसे अभी भी सँजोए हुए हूँ। स्पष्ट है कि देश के शेष भागों और विश्व के अनेक राष्ट्रों की यात्रा कर लेने के बाद भी कश्मीर घाटी में मैंने अभी तक कदम नहीं रखा है। जीवन में यद्यपि कई अवसर ऐसे आए भी कि जब मैं वहाँ जा सकता था, लेकिन कदाचित् विधि को यह स्वीकार नहीं था। ऐसा मानकर मैं इस क्षेत्र से लगाव वाली अपनी व्यक्तिगत बात को यहीं विराम देता हूँ। मुझे आशा है कि एक दिन मैं घाटी की यात्रा कर सकूँगा, उसे जीभर निहार पाऊँगा; मैं वर्षों से हृदय में सँजोयी हुई अपनी अभिलाषा पूर्ण कर लूँगा।

II

वर्ष 1981 में राजनीति विज्ञान विषय में एम०ए० कर लेने के बाद पीएच०डी० की उपाधि हेतु शोध-कार्य करने का मन भी मैंने बना लिया था। सरदार वल्लभभाई पटेल उक्त कार्य का आधार बनने वाले थे, क्योंकि उन्हीं पर शोध-कार्य करने का निश्चय भी मैं कर चुका था। लेकिन इस दिशा में आगे बढ़ने में कुछ देर हो गई थी। 1984 में 'दर्शन' विषय में दूसरा एम०ए० करने के बाद ही मैं पीएच०डी० के लिए पंजीकरण कराकर कार्य में जुट सका। दो वर्षों में यह कार्य पूर्ण हुआ और

'सरदार वल्लभभाई पटेल के सामाजिक व राजनीतिक विचार' शीर्षक से मेरा शोध-प्रबन्ध 1986 में स्वीकृत हो गया।

सरदार वल्लभभाई पटेल की जम्मू-कश्मीर राज्य के भारतीय संघ में विलय की प्रक्रिया में, विभाजनोपरान्त, महत्त्वपूर्ण अथवा निर्णायक भूमिका रही थी। इसलिए यह तो स्वाभाविक ही था कि उन पर शोध-कार्य करते समय इस राज्य के उस समय के घटनाक्रम का परिचय मुझसे होता। यह हुआ भी। शोध-कार्य की अवधि में कश्मीर की परम्पराओं, रीतियों, इसकी भौगोलिक और ऐतिहासिक परिस्थितियों तथा इसकी संस्कृति का मुझे कुछ विस्तार से ज्ञान हुआ। शोध के लिए जिन अभिलेखों का अध्ययन मैंने किया, और साथ ही जिन विद्वानों, विषय-विशेषज्ञों व राजनीतिज्ञों से मैंने साक्षात्कार लिए, उससे एक सीमा तक कश्मीरियों की मानसिकता का ज्ञान मुझे मिला।

निःसन्देह कश्मीर धार्मिक गतिविधियों का प्रमुख केन्द्र रहा था। अनेक विद्वान, जिनमें से कुछ आज तक भी विश्वविख्यात हैं, या तो कश्मीर घाटी में जन्में या यह क्षेत्र उनकी कर्मभूमि बना।[1] धार्मिक सहिष्णुता, सहनशीलता और समन्वय यहाँ देखते ही बनता था। पीएच०डी० के कार्य के समय स्पष्टतः इस तथ्य की पुष्टि हुई। फिर, विरासत रूपी जो कठिनाइयाँ भारत के विभाजन के साथ मिलीं, और स्वाधीनता के समय विशेष रूप से इस राज्य के समक्ष जो समस्याएँ उत्पन्न हुईं, उनकी स्पष्टता हो सकी। मेरे शोध-कार्य का प्रमुख बिन्दु कश्मीर का घटनाक्रम नहीं था। न ही इस राज्य से सम्बन्धित कोई पृथक अध्याय वहाँ निर्धारित किया गया था। इसलिए दो-तीन पृष्ठों में ही जम्मू-कश्मीर राज्य के बारे में मैंने अपने कार्य में लिखा, और **वह भी सरदार पटेल की राज्य के भारतीय संघ में विषय से जुड़ी भूमिका को केन्द्र में रखकर**। लेकिन राज्य से सम्बन्धित घटनाक्रम की जानकारी उस

सीमा तक मुझे हो चुकी थी कि अब मैं कश्मीर घाटी की यात्रा की अभिलाषा के अतिरिक्त इसके बारे में कुछ लिखना भी चाहता था। फिर भी वर्षों बीत गए; देश के अनेक महान नेताओं पर मैंने कार्य किया और कुछ अन्य विषयों पर लेख एवं पुस्तकें लिखीं। कश्मीर, तो भी, अभी तक अछूता ही रहा।

III

वर्ष 2001 के नवम्बर माह में मुझे आलबर्ग विश्वविद्यालय, डेनमार्क द्वारा दो व्याख्यानों के लिए आमंत्रित किया गया। ये व्याख्यान 'गाँधीवादी दर्शन' और 'सभ्यता के मूलाधार' विषयों पर मुझे देने थे। मैं इन व्याख्यानों को तैयार ही कर रहा था कि एक दिन अचानक ई-मेल द्वारा मुझे डेनमार्क के ही आरहुस विश्वविद्यालय के इतिहास संस्थान से 'कश्मीर की समस्या' पर व्याख्यान देने का अनुरोध-पत्र भी मिला। इस अनुरोध को पाकर मुझे प्रसन्नता तो हुई, लेकिन समय कम था। तो भी अनुरोध स्वीकार करके मैंने कश्मीर पर ऐतिहासिक परिप्रेक्ष्य में व्याख्यान तैयार किया और आरहुस विश्वविद्यालय के छात्रों, शोधकर्ताओं और आचार्यों के समक्ष उसे पढ़ा। इसी व्याख्यान को तनिक संशोधित करके मैंने जुलाई, 2002 में ओरियन्टल कल्चर ऐकेडमी, बैंकाक और माहीडोल विश्वविद्यालय, सलाया, थाईलैंड के ह्यूमैनिटिज संकाय में भी पढ़ा।

उपरोक्त तीन स्थानों पर व्याख्यान देने के बाद मैंने दृढ़ निश्चय कर लिया कि अब बिना किसी देरी के कश्मीर पर मुझे पुस्तक लिखनी ही चाहिए। मैं, जैसा कश्मीर और इसकी समस्या को समझ पाया हूँ, उसके अनुरूप मुझे अपने विचार पाठकों और जिज्ञासुओं के समक्ष रखने ही चाहिएँ। इसीलिए अब कश्मीर पर 'जम्मू-कश्मीर : (पाँच हजार वर्ष का ऐतिहासिक घटनाक्रम)' शीर्षक से यह पुस्तक आपके सामने प्रस्तुत कर रहा हूँ। पुस्तक की पाण्डुलिपि तैयार करने में मेरी सहायता करने वालों, और इसके प्रकाशन को समय से अपने कार्यक्रम में सम्मिलित करने वालों का मैं हृदय से आभार व्यक्त करता हूँ।

डेनमार्क और थाईलैंड में कश्मीर पर अपने व्याख्यानों में मैंने श्रोताओं से यह कहा था कि मैं भारतीय हूँ। भारतीय होने का मुझे गर्व है। इसलिए यदि मेरे कश्मीर-सम्बन्धी विचारों में कही आवश्यकता से अधिक भारतीयता आपको लगे, तो उसको अन्यथा नहीं लेना। मैं आज पुनः अपने उसी कथन को दोहराना चाहता हूँ; यद्यपि मेरा पूर्ण प्रयास होगा कि मैं कश्मीर से सम्बन्धित घटनाक्रम को तथ्यों पर ही आधारित करूँ, ईमानदारी बरतूँ और ऐतिहासिक सत्यताओं से विमुख न होऊँ; इसी के साथ मेरा यह प्रयास भी रहेगा कि यह पुस्तक साधारण या आम पाठकों के लिए ही हो। मैं स्वभाव से एक शोधार्थी हूँ। इसी कारण अनेक शोध-कार्यों में मैं संलग्न भी रहा हूँ, लेकिन यह पुस्तक, प्रामाणिक अभिलेखों और साहित्य के प्रयोग के बाद भी, शोध-कार्य नहीं है। पाठकों को ऐसा ही समझना चाहिए।

आप मेरे प्रयास नें रुचि लेंगे, इसको पढ़ने के उपरान्त त्रुटियों की ओर मेरा ध्यानाकर्षित करेंगे तथा इसके बारे में अपने सुझाव देंगे, तो मुझे प्रसन्नता होगी। इसी कामना के साथ यह पुस्तक आपके समक्ष है। मैं यहाँ अपनी बात को विराम देने से पूर्व एक विशेष बात आग्रहपूर्वक कहना चाहूँगा। इस पुस्तक के लिए जिस साहित्य और जिन अभिलेखों से मेरा वास्ता पड़ा, उनमें मैंने पाया कि जम्मू-कश्मीर के रूप में जिस राज्य को हम जानते हैं, उसके सामाजिक और सांस्कृतिक स्वरूप में कोई एकरूपता नहीं रही है। टीक यही बात आर्यों के भारत में आगमन से पहले यहाँ के निवासियों-द्रविडों-के सम्बन्ध में भी मेरे समक्ष उस काल के अध्ययन के समय आई थी। जम्मू-कश्मीर के बारे में तो बात यहाँ तक भी प्रकट हुई है कि यहाँ के लोगों के तो मूल भी अनेक हैं। उनके वंश भिन्न-भिन्न हैं। उनकी अनेक बोलियों के साथ ही जैसे कदम-कदम पर व्यवहार, रीति-रिवाज, परम्पराएँ आदि भी अलग-अलग हैं; निश्चित ही रोचकता से पूर्ण ये तथ्य अनेक गहन शोध-कार्यों के लिए विद्वानों का आह्वान करते हैं। मेरा विश्वास है कि कई एक विद्वान जम्मू-कश्मीर के

सम्बन्ध में प्रामाणिक शोध-कार्य प्रस्तुत करने के उद्देश्य से आगे आएँगे और समय की माँग के अनुरूप ही कश्मीर से सम्बन्धित अछूते पहलुओं का खुलासा करते हुए उनका परिचय अन्यों से कराएँगे।

अन्तिम रूप से प्रकाशनार्थ भेजने से पूर्व इस पाण्डुलिपि को पढ़ने में भरपूर सहायता करने के लिए मैं विशेष रूप से श्री मनोज कुमार 'मनोज', श्रीमती कमलेश तथा सुश्री रंजना चावड़ा का आभार व्यक्त करता हूँ।

—रवीन्द्र कुमार

23-बी, लेन : 2
मानसरोवर, सिविल लाइन्स,
मेरठ-250 001 (भारत)
ई-मेल-ravindrakumar5@rediffmail.com
ravindrakumar5@hotmail.com

सन्दर्भः

1. *महान चिन्तकों, लेखकों एवं विद्वानों, जैसे कि ललूता, भट्ट, संकुका, उद्भट, क्षेमेन्द्र, कुन्तल और आनन्दवर्धन, जिन्होंने अपनी कृति 'ध्वन्यालोक' में 'ध्वनि' को कविता की आत्मा के रूप में प्रतिपादित करते हुए कविता विज्ञान को एक नया विचार प्रदान किया, की यही कश्मीर घाटी जन्मभूमि है। यही नहीं, कश्मीर में बिल्हन, मंखा और 'कथासरिता सागर' के रचियता सोमदेव, इतिहासकार कल्हण, एवं प्रतिभावान जोनराजा, श्रीवर, प्रज्ञाभट्ट, शुक, द्रिधबल आदि भी जन्मे। कश्मीर ही नागार्जुन अश्वघोष, वसुबन्धु और धर्मत्रैत जैसे विद्वानों की कर्मभूमि रही; यह क्षेत्र इन लोगों की गतिविधियों का केन्द्र रहा। अनेक मुस्लिम सूफी-सन्तों, जिनमें से अनेक ने आजीवन धार्मिक सहिष्णुता का सन्देश दिया, जैसे कि शेख नूरूद्दीन, जिनकी दरगाह 'चरारे शरीफ' को मई, 1995 में आतंकवादियों ने नष्ट कर दिया था, का कर्मक्षेत्र भी कश्मीर ही था।*

अध्याय : एक

विषय प्रवेश/परिचय

इस बात में आज कोई सन्देह नहीं है कि जम्मू-कश्मीर की समस्या विश्वभर की गम्भीरतम समस्याओं में से एक है। भले ही मेरे अपने देश भारत में कुछ के लिए कश्मीर का प्रश्न आन्तरिक हो, यह केवल कश्मीर की जनता और भारत की केन्द्रीय सरकार के मध्य का हो, अथवा इसमें-कश्मीर, भारत और पाकिस्तान-तीन पक्ष हों, लेकिन इस समस्या से भरे हुए प्रश्न ने पूरे दक्षिणी एशिया क्षेत्र को प्रभावित किया ही है। इस समस्या की गम्भीरता को इसमें संलग्न दो प्रमुख पक्षों-भारत और पाकिस्तान-द्वारा अपने-अपने केन्द्रीय बजटों का एक बड़ा भाग यहाँ व्यय कर देने से लगाया जा सकता है। यह व्यय कश्मीर के लोगों के उत्थान या क्षेत्र के विकास पर नहीं होता है; घाटी की सुन्दरता को बनाए रखने या उसे बढ़ाने के लिए भी यह व्यय नहीं होता; यह व्यय वहाँ होता है, या उन गतिविधियों पर होता है, जहाँ अथवा जिनके लिए वह नहीं होना चाहिए।

जम्मू-कश्मीर की समस्या की गम्भीरता को इस रूप में भी देखा जा सकता है कि इस राज्य के घाटी वाले क्षेत्र से चार लाख से भी अधिक लोग अपने-अपने घरों से, भयभीत होकर जीवन की चाह को सँजोए हुए, पलायन कर चुके हैं। ये लोग, जिनमें अधिकांश कश्मीरी पण्डित हैं, अब शरणार्थियों की भाँति या तो जम्मू में अथवा दिल्ली में रह

रहे हैं। कश्मीरी पण्डितों की संख्या भारत के स्वाधीनता वर्ष (1947) में लगभग तीन लाख थी। लेकिन आज पचास हजार पण्डित भी घाटी में नहीं हैं।

करोड़ों रुपयों की नागरिक सम्पत्ति की हानि गत लगभग 20 वर्षों के समय में जम्मू-कश्मीर राज्य में हो चुकी है। पचहत्तर से अस्सी हजार के मध्य लोग कश्मीर में हताहत हो चुके हैं। यह क्षेत्र आतंकवाद का सुदृढ़ गढ़ माना जाता है। कोई ही दिन शायद ऐसा जाता है, जब यहाँ से किसी के मारे जाने का समाचार न आता हो। समस्याग्रस्त होने के कारण ही जम्मू-कश्मीर राज्य में महाशक्तियों सहित कई अन्य देश भी, प्रत्यक्ष या अप्रत्यक्ष रूप से, अपने-अपने कारणों से रुचि लेते हैं।

विश्वभर के सबसे सुन्दर क्षेत्रों में से कश्मीर एक है। जैसा कि मैंने 'आत्मकथ्य' में कहा है, यह साम्प्रदायिक सौहार्द वाला क्षेत्र रहा है। हिन्दू, मुसलमान, बौद्ध और सिख धर्म-सम्प्रदायों के अनुयायी सैकड़ों वर्षों से साथ-साथ यहाँ रहते आए हैं। बीसवीं शताब्दी के आठवें दशक तक न केवल भारत ही, अपितु विश्वभर से पर्यटकों का यहाँ ताँता लगा रहता था। भारत के सम्राटों, विशेष करके मुगलकालीन शासकों, उपरान्त अंग्रेज शासकों के लिए भी कश्मीर घाटी स्वर्ग के समान रही है। यही नहीं, स्वाधीनता के पहले और बाद में भी अनेक राष्ट्रीय नेताओं, मुख्य रूप से पण्डित जवाहरलाल नेहरू और मौलाना अबुल कलाम आजाद के लिए यही घाटी सबसे प्रिय स्थान रहा। गत शताब्दी के आठवें दशक में ही स्थिति यहाँ तक थी कि भारत के संभ्रान्त परिवारों के लगभग सभी, और मध्यमवर्गीय परिवारों के अधिकांश, नवयुगल विवाह के तुरन्त बाद

हनीमून के लिए कश्मीर घाटी की यात्रा करते थे। यदि उक्त में से कोई वहाँ नहीं जा पाता था, तो लगता था कि जैसे उनके विवाह में कुछ अधूरापन रह गया है; उनके प्रेम के प्रारम्भिक दिनों में से कुछ छूट गया है। हजारों और लाखों लोग प्रतिवर्ष कश्मीर जाते थे, सप्ताहों और महीनों तक घाटी के प्राकृतिक सौन्दर्य का आनन्द उठाते थे। ताजगी को अपने भीतर भरते थे और क्षेत्र की न भुलाई जाने वाली मधुर स्मृतियों के साथ ही वापस अपने-अपने घरों को लौटते थे।

भारत के फिल्म उद्योग का सर्वाधिक पसन्द वाला यही रमणीय क्षेत्र रहा है। साथ ही उद्योगपतियों व अधिकारियों को जब-जब भी अवसर मिला, घाटी की यात्रा करने से वे कभी भी चूके नहीं। यात्रियों—वे आम हों या खास—ने कश्मीर घाटी की निरन्तर यात्राएँ करके इसे समृद्ध किया; स्थानीय निवासी पर्यटन उद्योग के बल-बूते खूब फले-फूले।

अब कश्मीर घाटी सहित सारे राज्य की स्थिति ही परिवर्तित हो गई है। लोग राज्य में जाने से बचते हैं। न जाने कब और क्या हो जाए? कोई जानता ही नहीं। आतंकवाद की चपेट में आ गए राज्य की स्थिति अति गम्भीर व भयानक हो गई है। आम लोगों के सामने जीने, खाने और रहने की पेंचीदा स्थिति उत्पन्न हो चुकी है। आए दिन मुठभेड़ों के समाचार सामने आते हैं। वर्तमान जैसे अन्धकार में है और भविष्य शंका और चिन्ता से भरा हुआ।

क्या अतीत के गौरव कश्मीर की स्थिति ऐसी ही रहेगी, जैसी कि आज है? क्या भविष्य में घाटी के हालात सुधरेंगे और वह पूर्व की भाँति

ही भारत के अतिरिक्त विश्वभर के पर्यटकों के आकर्षण का केन्द्र बनेगी? क्या कश्मीरीजन शान्ति के साथ भयमुक्त होकर जिएँगे और विकास के मार्ग पर बढ़ेंगे? और, क्या भारत के सामने कश्मीर के प्रश्न पर जो चुनौती प्रस्तुत की गई है; जो गम्भीर समस्या के रूप में उसके सामने है तथा जिसका राष्ट्र के सभी निवासियों पर, प्रत्यक्ष अथवा अप्रत्यक्ष रूप में, प्रभात्र पड़ता है, से उसे मुक्ति मिल सकेगी? ये कुछ आज गम्भीर प्रश्न हैं, जिनके उत्तर जानने को करोड़ोंजन, भारत के अन्दर और बाहर भी, आतुर हैं। आइए! इन प्रश्नों के उत्तर ढूँढने का प्रयास करें और ऐसा करते हुए सामान्य पाठकों के रूप में उस प्राचीन इतिहास में, जो इसके साथ जुड़ा हुआ है, गोता लगाएँ, ताकि कश्मीरी लोग विशेषतः और भारतवासी सामान्यतः इसकी वास्तविकता से परिचित हों।

****

अध्याय : दो

प्राचीन इतिहास

कश्मीर घाटी के इतिहास को, जो उतना ही प्राचीन है जितना कि शेष भारत का, जानने के हमारे पास दो माध्यम हैं। इनमें प्रथम माध्यम है उत्खनन-कार्यों से सामने आई खोजें। श्रीनगर के निकट बुर्जहोम नामक स्थान पर हुई खुदाई से स्पष्ट हुआ है कि नव पाषाणकाल, अब से पाँच हजार वर्ष से भी अधिक पहले के समय में कश्मीर घाटी में सांस्कृतिक गतिविधियाँ रही थीं। उत्खनन-कार्यों से प्राप्त विभिन्न वस्तुओं, जैसे कि मत्स्य-भाले, सूएँ, सूइयाँ आदि; आवास-व्यवस्था, जैसे कि चिकनी मिट्टी से घरों का निर्माण; वस्तुओं को रखने के लिए हाथ से बनाए गए मृदभाण्ड; और मछली पकड़ने के ढंग आदि, से ज्ञात होता है कि कश्मीरी नवपाषण युग में विकास की ओर उन्मुख गतिविधियों में संलग्न थे।

मोहन-जो-दाड़ो और हड़प्पाकालीन सिन्धु घाटी की सभ्यता के समय भी निश्चित रूप से कश्मीर घाटी विकास, और मुख्यतः सांस्कृतिक गतिविधियों में भारत के दूसरे भागों से पीछे नहीं रही होगी, यद्यपि इस काल की कोई ऐसी विशेष खुदाई अभी वहाँ नहीं हुई है, जिससे पूरा चित्र सामने आ सके।

कश्मीर के इतिहास की सूचना का हमारा दूसरा माध्यम है प्राचीनकाल का भारतीय साहित्य, विशेष रूप में वैदिक धर्मग्रन्थ। ऋग्वेद इस कड़ी में सर्वप्रथम हमारे समक्ष आता है, जिसका रचनाकाल लगभग 1500 ईसा पूर्व माना जाता है। यह समय ऋग्वेद के लिपिबद्ध किए जाने का है; इसके पूर्व अलिखित रूप में यह मौजूद था, ऐसा स्वीकार किया

जाता है। ऋग्वेद में वितस्ता नदी का उल्लेख है, जो झेलम के नाम से जानी जाती है। श्रीनगर इसी झेलम नदी के तट पर बसा हुआ है।

कश्मीर वैदिक-हिन्दू सभ्यता का एक प्रमुख, समृद्ध और विकसित केन्द्र रहा है। प्राचीनकाल में यह कश्यपपुर, कशीर, कश्मीरा आदि नामों से जाना जाता रहा है। आर्य लोग अपने भारत आगमन के पश्चात शीघ्र ही कश्मीर से परिचित हुए। यहाँ तक कि पाण्डवों के कश्मीर घाटी पहुँचने के वृतान्त भी हैं। शिव की पत्नी उमा के इसी कश्मीर से सम्बद्ध होने की बातें पुराणों में, जो वेदों के बाद की रचनाएँ हैं, आती हैं।

मगध और मौर्यकालीन भारत में कश्मीर का चित्र स्पष्टतः इतिहास के पृष्ठों में प्रकट होता हुआ हमारे सामने आता है। यह समय ईसा पूर्व छठी, पाँचवी, चौथी और तीसरी शताब्दी का है। इसी समय में वैदिक–हिन्दू के अतिरिक्त बौद्ध दर्शन के कश्मीर घाटी में प्रवेश के प्रमाण हमारे समक्ष आते हैं।

चूँकि कश्मीर और उसके आस-पास के कुछ अन्य क्षेत्र, जो अब भारत का भाग नहीं हैं, सम्राट अशोक के साम्राज्य का अंग थे, और सम्राट अशोक बौद्ध धर्म-सम्प्रदाय के प्रति झुकाव रखते थे, इसीलिए कश्मीर घाटी वैदिक-हिन्दू दर्शन, विशेषकर इसके उपसम्प्रदाय शैव मत से हटकर बौद्ध दर्शन की परिधि में आ गई। दूसरे शब्दों में, अधिकाधिक कश्मीरवासी बौद्ध धर्म-सम्प्रदाय के अनुयायी बन गए। अशोक ने बौद्धों को उदार होकर कश्मीर में शासकीय स्तर से सुविधाएँ प्रदान कीं; कहा जाता है कि उसने यहाँ लगभग पाँच सौ बौद्ध-विहार बनवाए।

कश्मीर के बौद्ध गतिविधियों का केन्द्र बन जाने के उपरान्त भी वैदिक-हिन्दू मूल्य और वैदिकजन का न्यूनाधिक अस्तित्व कश्मीर में रहा। कहते हैं कि जैन दर्शन भी वहाँ उस समय रहा। बौद्ध दर्शन की

प्रधानता और उसे प्राप्त राजकीय संरक्षण के साथ ही हिन्दू, सिक्ख व जैन सद्भावना के वातावरण में उसके साथ रहे। कश्मीर वास्तव में अपनी सद्भावना का शताब्दियों से मुख्य केन्द्र रहा है। धर्म-सम्प्रदायों के अनुयायिओं की संख्या में कमी या बढ़ोत्तरी ने यहाँ के सद्भावना के वातावरण को दूषित नहीं किया था। यदि ऐसा होता, तो सम्राट अशोक के निधन के उपरान्त बौद्धों की संख्या में वहाँ जिस प्रकार कमी आई, और जलूका और दामोदर के नेतृत्व में शैवों की संख्या बढ़ी, उस समय वहाँ का वातावरण बिगड़ सकता था, जो नहीं बिगड़ा।

मौर्य साम्राज्य के पतनोपरान्त ई०पू० प्रथम शताब्दी के आसपास शकों का मध्य एशिया से भारत में आगमन हुआ था। शकों की भारत के उत्तर-पश्चिम के भागों में सत्ता स्थापित हुई और गांधार के साथ ही स्वात घाटी व कश्मीर घाटी के भाग उनके शासक माविस के राज्य का अंग बने थे। कुषाण साम्राज्य, जिसमें सारा अफगानिस्तान, मध्य एशिया के भाग, आर्कोसिया-पार्थिया आदि सम्मिलित थे, में कश्मीर भी एक भाग था। राजा कुजुल के समय में हो सकता है कि पूरा कश्मीर कुषाण साम्राज्य का अंग न रहा हो, लेकिन उनके उत्तराधिकारी कदफिसस-द्वितीय, और फिर सम्राट कनिष्क के राज्यकाल में, कश्मीर सम्पूर्णतः उनके अधीन था।

वैसे कुषाण साम्राज्य सम्राट कनिष्क के शासन के समय अपने चरमोत्कर्ष पर था; कनिष्क स्वयं आज तक प्राचीन भारत के सबसे प्रसिद्ध शासकों में से एक है। उत्तरकालिक बौद्ध साहित्य में पाए जाने वाले उल्लेखों के अनुसार बिहार के अनेक भाग एवं नर्मदा नदी के तट तक के क्षेत्र उसके शासन के अन्तर्गत रहे थे। यही नहीं, कनिष्क के अधीन कुषाण साम्राज्य में पूर्वी तुर्कीस्तान तथा आज के चीनी क्षेत्र के कुछ भाग भी थे।

यद्यपि कनिष्क धार्मिक सहिष्णुता की नीति पर चलने वाला शासक था, लेकिन निश्चित रूप से उसका झुकाव बौद्ध धर्म-सम्प्रदाय की ओर था। ऐसा भी कहा जाता है कि कनिष्क के समय बौद्ध राज-धर्म था। उसके समय के उपलब्ध सिक्कों पर गौतम बुद्ध की प्रतिमा बनी हुई है। उसके समय में कश्मीर घाटी में बौद्ध दर्शन फल-फूल रहा था; वह बौद्ध गतिविधियों का सम्पन्न और उन्नत केन्द्र था। उसी के काल में चतुर्थ बौद्ध संगीति कश्मीर में आयोजित की गई थी। इसी संगीति के बाद अनेक बौद्ध विद्वान मध्य एशिया, चीन व अन्य क्षेत्रों में अपने दर्शन के प्रचार-प्रसारार्थ गए थे। और, यहीं से समस्त उत्तर भारत में बौद्ध दर्शन की महायान विचारधारा स्थापित हुई।

गुप्तकालीन शासक चन्द्रगुप्त विक्रमादित्य के बाद कश्मीर क्षेत्र स्वतंत्र स्थिति में आ गया, लेकिन शैव विचारधारा के अग्रणीय विद्वानों ने वैदिक-हिन्दू दर्शन में नई जान फूँकने का प्रयास किया। विशेष रूप से यहाँ के शासक अभिमन्यु-प्रथम ने शैव विद्वानों को प्रचार-प्रसारार्थ राजकीय संरक्षण और सहायता भी प्रदान की। उपरान्त गोनन्द वंश के शासन में भी हिन्दू-दर्शन का विकास व प्रचार-प्रसार होता रहा।

छठीं शताब्दी के प्रारम्भ से ही हूणों के भारत पर आक्रमण प्रारम्भ हो गए और उन्होंने निरन्तर दुर्बल होते गुप्त साम्राज्य के पूर्ण पतनोन्मुखी होने में बड़ी भूमिका निभाई। यद्यपि हूणों के राजा तोरमाण को लगभग 510 ईस्वीं में भानुगुप्त ने पराजित किया था, लेकिन उसके बाद एक अन्य हूण, मिहिरगुल या मिहिरकुल, ने छठीं शताब्दी के दूसरे दशक के अन्त अथवा तीसरे दशक के प्रारम्भ में उत्तर-पश्चिमी भारत, मालवा और गंगा-यमुना के दोआबे के क्षेत्रों पर अधिकार कर लिया। कश्मीर घाटी सहित आज जम्मू-कश्मीर के रूप में जाना जाने वाला सारा प्रदेश हूणों के अधीन हो गया।

हूणों का भारत की जनसंख्या के साथ ही कश्मीर के स्थानीय लोगों के साथ अन्ततः मिश्रण हुआ। कश्मीर में शैव मत या दर्शन को मिहिरगुल ने भी संरक्षण दिया। एक अन्य महत्त्वपूर्ण व उल्लेखनीय बात यह भी थी कि हूणों के साथ भारत में गुर्जर भी आए थे, जो पंजाब, सिन्ध, गुजरात, राजस्थान आदि सहित कश्मीर में भी बस गए थे।

मिहिरगुल के उत्तराधिकारी गोपादित्य ने भी अपने पूर्ववर्ती की परम्पराओं को, विशेष रूप से धार्मिक नीति को, आगे बढ़ाया। गोपादित्य ने ही श्रीनगर की गोपा पहाड़ी, जिसे शंकराचार्य पहाड़ी के नाम से जाना जाता है, पर एक भव्य मंदिर का निर्माण कराया था। करकोटा वंश के संस्थापक प्रवसेन-द्वितीय ने लगभग 580 ईस्वी में कश्मीर पर अधिकार कर लिया और वर्तमान श्रीनगर के स्थान पर प्रवरपुर की स्थापना की।

जिस समय हर्षवर्धन उत्तर-पश्चिमी भारत में शक्तिशाली शासक के रूप में उभरा, उस समय चीनी यात्री और विद्वान हुऐन सांग ने भारत की यात्रा की थी। और जैसा कि स्वयं हुऐन सांग की अपनी यात्रा से सम्बन्धित आख्या में उल्लेख है, उसने कश्मीर सहित देश के विभिन्न भागों का भ्रमण किया; सम्राट हर्षवर्धन से हुऐन सांग ने भेट की। कश्मीर घाटी की यात्रा के समय हुऐन सांग ने पाया कि क्षेत्र में धार्मिक सहिष्णुता, समन्वय और सौहार्द का वातावरण था; बौद्ध धर्म-सम्प्रदाय और दर्शन फल-फूल रहा था। दुर्लभवर्धन उस समय कश्मीर का शासक था। लेकिन क्या कश्मीर उस काल में हर्षवर्धन के साम्राज्य का भाग भी था? यह बात पूर्णतः स्पष्ट नहीं होती। अधिक सम्भावना इसी बात की है कि दुर्लभवर्धन स्वयं वहाँ का सम्प्रभु शासक था न कि वर्धन-साम्राज्य के अधीन एक राजा था।

वास्तव में असामंजस्य की स्थिति का कारण यह है कि कुछ इतिहासकार हर्ष के साम्राज्य में नेपाल एवं कश्मीर को भी सम्मिलित

मानते हैं। इसके पीछे का उनका प्रमुख तर्क वहाँ हर्ष-संवत को प्रयुक्त किया जाना है। साथ ही, हुऐन सांग की रचनाओं में कश्मीर पर हर्षवर्धन की सत्ता के उल्लेख भी इतिहासकारों, जैसे कि आर०के०मुखर्जी, ने आधार बनाए हैं। यही नहीं, 'हर्ष-चरित्र' के लेखक बाणभट्ट ने कश्मीर पर हर्षवर्धन के आधिपत्य की बात की है।[1]

इस सन्दर्भ में अन्य उल्लेखनीय बात यह है कि हुऐन सांग ने हर्ष के काल में कश्मीर में फलते-फूलते बौद्ध दर्शन और सम्प्रदाय की बात की है। स्वयं हर्षवर्धन, जिसके पूर्वज शैव थे, बौद्ध धर्म-सम्प्रदाय का अनुयायी था। उसने बौद्ध विहारों के निर्माण पर बहुत धन व्यय किया था; बौद्ध दर्शन के प्रचार-प्रसार के कार्यों पर साधन और शक्ति को लगाया था।[2] यहाँ तक कि, जैसा कि बाणभट्ट का उल्लेख है, हर्ष ने कश्मीर के शासक से महात्मा बुद्ध से सम्बन्धित समस्त अवशेषों के संरक्षण को कहा था।

उपरोक्त ऐतिहासिक उल्लेखों व तर्कों के आधार पर एक बात तो स्पष्टतः हमारे सामने प्रकट होती ही है, और वह यह कि कश्मीर भले ही विधिवत हर्ष-साम्राज्य का भाग न रहा हो, लेकिन हर्षवर्धन के तीस वर्षों के शासन के दौरान कश्मीरी शासक उसके प्रभाव से अछूते नहीं रहे थे। यह भी संभव है कि हर्षवर्धन ने कश्मीर को सम्प्रभु शासन सत्ता रहने भी दिया हो, लेकिन अप्रत्यक्ष रूप में वहाँ के शासक पर अपना पूर्ण प्रभाव रखा हो।

हर्ष के शासनकाल के दौरान कश्मीर में समृद्धि-सामाजिक और सांस्कृतिक दृष्टिकोण से-अभूतपूर्व थी। बौद्ध के साथ ही हिन्दू दर्शन भी वहाँ प्रभावकारी रहा था। बौद्ध केन्द्रों, विहारों या संघों की उन्नति के अतिरिक्त हिन्दू मंदिरों, केन्द्रों और शिक्षालयों का वहाँ प्रसार था। कुल मिलाकर इसी को सहिष्णुता, सहनशीलता और सौहार्द के वातावरण के

रूप में हुऐन सांग जैसे चीनी विद्वान ने स्वीकार किया और अपने उल्लेखों में इसे उच्च स्थान पर प्रतिष्ठित भी किया। निश्चित रूप से कश्मीर की गौरवगाथा का वह काल इतिहास का ऐसा अध्याय रहा, जिस पर गर्व किया जा सकता था; आज तक भी उसे स्वर्णिम युग और अनुकरणीय माना जा सकता है। विशेषकर कश्मीर की वर्तमान पीढ़ी को उस काल के सद्भाव से, जो बाद में भी बहुत कुछ बना रहा, अपने को अवगत रखना चाहिए।

सन्दर्भः

1. *आर0 के मुखर्जी का मानना है, "(हर्ष के) जीवन-सम्बन्धी घटनाक्रम की एक बात एक प्रकार से कश्मीर पर उसके नियंत्रण की ओर संकेत करती है, और वह बात है हर्षवर्धन द्वारा कश्मीर के राजा को बुद्ध से सम्बन्धित स्मृति-चिह्नों को संरक्षित करने हेतु बाध्य करना।" मुखर्जी बाणभट्ट को उद्धृत करते हुए यह भी लिखते हैं कि बर्फीली पहाड़ियों की पहुँच से बाहर की भूमि पर स्वयं हर्ष का आधिपत्य था; यह हर्षवर्धन के आधिपत्य के संकेत के सम्बन्ध में हो सकता है।*

2. *जैसा कि इतिहास साक्षी है, हर्षवर्धन के राज्यकाल में पटना के निकट नालन्दा के विराट बौद्ध विहार का निर्माण हुआ; वहाँ एक विश्वविद्यालय की स्थापना हुई। यह विश्वविद्यालय न केवल भारतभर में ही, अपितु निकटवर्ती सभी देशों और सुदूर अनेक राष्ट्रों में भी प्रसिद्ध था। हजारों विद्यार्थी, जिसमें कश्मीरी भी थे, शिक्षा ग्रहण करने वहाँ जाते थे। अपने शासनकाल में हर्ष ने अन्य कई स्थानों पर बौद्ध विहारों को उदारतापूर्वक धन दिया; बौद्ध केन्द्रों का विकास किया।*

****

अध्याय : तीन

मध्यकालीन इतिहास एवं इस्लाम का आगमन

ऐतिहासिक परिप्रेक्ष्य में कालों के निर्धारण के विषय में विश्वभर के इतिहासकार पूर्णतः एकमत नहीं हैं। भारत के इतिहास में काल का निर्धारण भी एकमतता से नहीं हुआ है। मध्यकाल के निर्धारण को ही लें। कुछ इतिहासकार छठीं से बारहवीं शताब्दी को मध्यकाल मानते हैं, तो कुछ ऐसा नहीं मानते। लेकिन मेरा इतिहासकारों की काल-क्रम-सम्बन्धी सहमति-असहमति से, यहाँ कश्मीर पर चर्चा करते समय, कोई सरोकार नहीं है। मैं इस विवाद पर कोई टिप्पणी नहीं करना चाहता और दुर्लभवर्धन के उत्तराधिकारियों, जिनका कश्मीर में सातवीं-नौवीं शताब्दी के दौरान शासन रहा, से अपनी बात को मध्यकाल के घटनाक्रम के रूप में आगे बढ़ाता हूँ।

दुर्लभवर्धन के बाद उसका पुत्र प्रताप लगभग 661 ईस्वी में शासनारुढ़ हुआ, जिसके नाम पर प्रतापपुर नामक नगर की स्थापना भी हुई। प्रताप के उपरान्त ललित (ललितादित्य) गद्दी पर बैठा और उसकी सत्ता 724 से 761 ईस्वी के मध्य तक रही। ललितादित्य कश्मीर का एक महान और प्रतापी शासक सिद्ध हुआ; उसके राज्य की सीमाओं का अभूतपूर्व विस्तार हुआ। न केवल मध्य भारत अथवा मध्य एशिया ही, अपितु निकट के लगभग समस्त क्षेत्रों पर ललितादित्य का अधिकार था। वह धार्मिक सहिष्णुता की व्यावहारिक नीति पर चलने वाला था; उसने अपने समय के दोनों प्रमुख धर्म—सम्प्रदायों—हिन्दू तथा बौद्ध—को समान

रूप से संरक्षण प्रदान किया। हिन्दू मंदिरों के निर्माण के अतिरिक्त, बौद्ध विहारों को उसने स्थापित कराया। मार्तण्ड में सूर्य मंदिर के निर्माण का श्रेय भी ललितादित्य को ही जाता है। विद्वानों और लेखकों को सम्मान, साहित्य तथा कला में अभिरुचि, सांस्कृतिक मूल्यों का संरक्षण और आन्तरिक तथा बाह्य—दोनों—क्षेत्रों में व्यक्तिगत व सामूहिक सम्बन्धों का विकास ललितादित्य के व्यक्तित्व के गुण थे। उसके समय के सुविख्यात संस्कृत भाषा के विद्वान वाक्पति राजा[1] और भवभूति[2] स्वयं उसके दरबार के सम्मानित लोगों में से थे।

ललितादित्य के निधनोपरान्त भी उसके वंशज कश्मीर में शासन करते रहे, लेकिन उसकी भाँति किसी भी शासक ने कोई बड़ी या उल्लेखनीय उपलब्धि प्राप्त नहीं की। इसे उसी प्रकार देख सकते हैं, जैसे कि मौर्य सम्राट चन्द्रगुप्त के बाद बिन्दुसार के शासन को हम देखते हैं, जिसमें कोई विशेष उपलब्धि नहीं रही। हाँ, इतना अन्तर तब भी दोनों में है कि बिन्दुसार की अपेक्षा ललितादित्य के उत्तराधिकारी दुर्बल सिद्ध हुए। विपरीत इसके बिन्दुसार का पुत्र अशोक महान शासक के रूप में सामने आया; न केवल भारत ही, अपितु विश्व के शक्तिशाली व योग्य सम्राटों में उसकी गणना हुई।

ललितादित्य के वंशजों के बाद दो और वंशों—उत्पल और लौहारा—ने नौवीं शताब्दी के मध्य से लेकर चौदहवीं शताब्दी के पूर्वार्ध के कुछ वर्षों तक कश्मीर में शासन किया। इसी काल में ख्वारज़्म निवासी और विख्यात इतिहासकार अबूरेहान अलबरूनी ने 'किताब-उल-हिन्द' की रचना की, जिसमें कश्मीर के घटनाक्रम का उल्लेख भी उसने किया।[3] यही नहीं, इस काल के कश्मीर के शासक के इतिहास को कल्हण ने अपनी प्रसिद्ध कृति 'राजतंरगिणी' के माध्यम से प्रस्तुत किया।[4] और उक्त

दोनों से अधिक उल्लेखनीय बात यह रही कि चौदहवीं शताब्दी के लोहारा वंश के शासकों के काल में ही इस्लाम का कश्मीर में आगमन हुआ, जो इसके इतिहास का एक महत्त्वपूर्ण पड़ाव था।

सामाजिक, सांस्कृतिक, राजनीतिक और आर्थिक परिप्रेक्ष्य में उक्त दोनों वंशों के अधीन के कश्मीर की उन्नति भी ललित की अपेक्षा अत्यधिक कम रही। केवल उत्पल वंश के प्रथम शासक अवन्तिवर्मन और लोहारा वंश की संरक्षिका रानी दीदा को उपवाद स्वरूप छोड़ दें, तो शेष राजाओं के समय की उपलब्धियाँ नहीं के बराबर कही जा सकती हैं; उल्टे अन्य शासकों के अन्तर्गत कश्मीर दुर्बलता की ही ओर बढ़ा था।

जहाँ एक ओर उत्पल वंश के शासक अवन्तिवर्मन ने संस्कृति, कला, अभियांत्रिकी व कृषि के विकास का कार्य किया तथा नगरों के सौन्दर्यीकरण और धार्मिक गतिविधियों को संरक्षण दिया, वहीं रानी दीदा ने प्रशासन को सुदृढ़ व चुस्त-दुरुस्त करने का कार्य किया। शेष लगभग सभी शासक, जैसा कि कहा है, दुर्बल, अल्पकालिक और अक्षम रहे।

उत्तर भारत में मुसलमानों के निरन्तर आक्रमण ग्यारहवीं शताब्दी के प्रारम्भ में होने लगे; इससे पूर्व आठवीं शताब्दी के पूर्वार्ध में अरब सिन्ध को जीतकर वहाँ के शासक बन बैठे थे। लेकिन इस घटना से शेष भारत कोई विशेष प्रभावित नहीं हुआ। हाँ, ग्यारहवीं शताब्दी में तुर्क मूल के मुसलमानों के आक्रमणों का उत्तर भारत मैदान बन गया। मुसलमानों के आक्रमण दो बातों को केन्द्र में रखकर देखे जा सकते हैं। प्रथमः भारत की धन-सम्पदा को लूटना और यहाँ अपनी सत्ता को स्थापित करना; द्वितीयः धर्म के नाम पर सहधर्मी लोगों को साथ जोड़ना और फिर उन्हें युद्ध-कार्यों में लगाना।[5] निःसन्देह भारत के राजा एक-दूसरे के विरुद्ध

षडयंत्रों में लिप्त थे; वे एक-दूसरे को नीचा दिखाने में लगे थे। उनमें फूट थी; स्वार्थ और घमण्ड में वे डूबे हुए थे। इस स्थिति में किसी बाह्य आक्रान्ता का मिलकर सामना करने का प्रश्न ही उत्पन्न नहीं होता था। परिणामस्वरूप आक्रान्ताओं के आक्रमण राजा लोग सह नहीं सके; एक के बाद दूसरा राजा परास्त होता गया और अन्ततः मुसलमानों का एक विशाल राज्य बन गया। इतिहासकार इसे दिल्ली सल्तनत भी कहते हैं।

विपरीत शेष उत्तर भारत के, कश्मीर में अफगानिस्तान की ओर से मुसलमानों का प्रथम आक्रमण चौदहवीं शताब्दी ईस्वी के प्रारम्भ में, जैसा कि पहले भी मैंने कहा है, लौहारा वंश के शासनकाल में हुआ। इस वंश का शासक सहदेव उस समय गद्दी पर था, जो एक दुर्बल राजा था। लेकिन इसके बाद भी उसके काल में तिब्बत के राजकुमार रिनचिन और एक अन्य मुस्लिम, शाहमीर, के सहयोग से आक्रान्ता दुलचू को पराजित किया गया। रिनचिन की इच्छा थी कि वह हिन्दू धर्म-सम्प्रदाय में सम्मिलित हो जाए, लेकिन जैसा कि सदा से होता आया है, कट्टरतावादी हिन्दुओं के पुरोहितों ने उसे सम्प्रदाय परिवर्तित करने की आज्ञा नहीं दी। वह अन्ततः मुस्लिम बन गया और घाटी में सत्ता-संघर्ष के चलते वहाँ का प्रथम मुस्लिम शासक भी बना। इस प्रथम मुस्लिम शासक का काल बहुत छोटा रहा और पुनः घाटी में सत्ता संघर्ष चला। कभी हिन्दू तो कभी मुस्लिम, सत्ता-संघर्ष में ऊपर-नीचे होते रहे, लेकिन अन्त में दुलचू के विरुद्ध संघर्ष में शासक का साथ देने वाला मुसलमान शाहमीर राज घराने से विद्रोह करके शासक बन बैठा। अब मुस्लिम शासन प्रारम्भ हुआ और हिन्दू सत्ता का कश्मीर में पतन हो गया।

दिल्ली सल्तनत की स्थापना के साथ ही, तेहरवीं शताब्दी ईस्वी से उत्तर भारत में इस्लाम धर्म-सम्प्रदाय का प्रचार-प्रसार प्रारम्भ हुआ। कश्मीर पर इसका उल्लेखनीय प्रभाव हुआ। विशेष रूप से इस्लाम की एक विचार-धारा, जिसे सूफीवाद के नाम से जाना जाता है; जिससे दिल्ली के सूफी-सन्त निजामउद्दीन औलिया, अजमेर के ख़्वाजा मोहिउद्दीन चिश्ती और फतेहपुर सीकरी के सलीम चिश्ती जैसे मुसलमान सन्तों को भी सम्बद्ध किया जाता है, का कश्मीर घाटी के लोगों पर भी प्रभाव हुआ। सूफी विचारधारा इस्लाम के सिद्धान्तों के भीतर ही सहिष्णुता व सहनशीलता की बात करती है, लेकिन अन्ततः इस्लाम में अन्य धर्म-सम्प्रदायों के लोगों के परिवर्तन को भी पूर्ण मान्यता देती है।

शेख नूरूद्दीन सबसे प्रमुख-सूफी सन्त थे, जिन्होंने कश्मीर घाटी में डेरा डाला और उनके प्रभाव से हजारों हिन्दू इस्लाम में परिवर्तित हुए। सूफीवाद के प्रभाव में लोगों के सहज आ जाने के कुछ और भी कारण थे। अन्य धार्मिक विश्वासों के प्रति अति लचीला दृष्टिकोण रखने के अतिरिक्त इस विचारधारा के प्रेरक अपने पक्ष को सरलता से रखते थे। वे अपने व्यवहारों से सेवा-भावना को प्रकट करते थे। कला व संस्कृति से समृद्ध चिह्नों, स्थानों अथवा साहित्य को मान्यता देते थे। वे बहुत हद तक यौगिक क्रियाओं के प्रति आत्म-नियंत्रण की बात करते थे।[6]

लेकिन चौदहवीं शताब्दी में इस्लाम का कट्टरता से भरपूर और उग्र स्वरूप कश्मीर घाटी में प्रकट हुआ, जो नूरूद्दीन जैसे सूफी सन्तों की कार्य-प्रणाली से एकदम भिन्न था। इस समय शाह हमदानी जैसे अनेक मुस्लिम आलिमों का वहाँ प्रवेश हुआ, जो इस्लामी नियमों को कठोरतापूर्वक लागू करने के पक्ष में थे। उनके समकालीन शासक कुतुबउद्दीन (निधन 1389) और बाद के कश्मीर के शासक, विशेष रूप में सिकन्दर (निधन

1413 ईस्वी) के राज्यकाल में इस्लाम का कट्टरतावादी स्वरूप उभरा। न केवल अनेक हिन्दू मंदिरों और दूसरे धर्मस्थलों को इस समय ध्वस्त कर दिया गया और सांस्कृतिक गतिविधियों, संगीत, नाटक, नृत्य आदि पर प्रतिबन्ध लगाए गए, अपितु प्राचीन और आदरणीय हिन्दू धर्म-ग्रंथों को नष्ट कर दिया गया। वास्तव में वह एक ऐसी क्षति थी, जिसकी कभी भी पूर्ति नहीं हो सकती थी।

उक्त काल में ही घाटी के गौरव रहे हिन्दुओं पर 'जजिया कर' प्रारम्भ किया गया; उनकी अनेक धार्मिक मान्यताओं पर प्रतिबंध लगाए गए। माथे पर तिलक लगाने व हाथ में धागा बाँधने की मनाही की गई। धर्म-सम्प्रदाय को परिवर्तित करने के उद्देश्य से विशेष अभियान चलाए गए। इस अभियान में हिन्दू धर्म-सम्प्रदाय से इस्लाम में परिवर्तित लोगों ने शासकीय शह और उकसावे के कारण बढ़-चढ़कर भाग लिया; बाह्य तत्त्वों की अपेक्षा उन्होंने ही इस हेतु कहीं अधिक बड़ी भूमिका का निर्वाह किया। हिन्दुओं के अतिरिक्त बौद्ध केन्द्र भी आक्रमण का शिकार हुए। अब घाटी न केवल मुस्लिम बाहुल्य बन गई, अपितु अधिकांश हिन्दू वहाँ से पलायन भी कर गए। पलायन की उस स्थिति को भली-भाँति आज की स्थिति से समझा जा सकता है।

सन्दर्भ:

1. *जो अपनी कृति गौदावः के लिए प्रसिद्ध हैं।*
2. *भवभूति की रचना मालती माधव का साहित्य जगत में विशिष्ट स्थान है।*
3. *अलबरूनी ने अपने समय तक भारत के इतिहास के सम्बन्ध में प्राप्त समस्त सूचनाओं के आधार पर 'किताब-उल-हिन्द' की रचना की। निःसन्देह भारत के इतिहास के सम्बन्ध में यह पुस्तक तथ्यात्मक रूप से प्रकाश डालती है। अलबरूनी का ग्रंथ आज तक भी सूचना का अच्छा स्रोत माना जाता है।*

4. बारहवीं शताब्दी के मध्य में कल्हण द्वारा संस्कृत भाषा में रचित 'राजतरंगिणी' कश्मीर के इतिहास का वर्णन करती है। पद्यबद्ध यह पुस्तक श्रेष्ठ पुस्तकों में से है; और मुस्लिम भारत से पूर्व का शायद एक मात्र इतिवृत्त है।

5. तुर्क मूल के पहले मुसलमान, जिसका भारत पर आक्रमण हुआ, को गजनी के शासक महमूद के नाम से जाना जाता है। इस शासक का गजनी पर 998-1030 में राज्य रहा। भारत में इसने सर्वप्रथम 1001 में पंजाब पर आक्रमण किया, जिसे वहाँ का तत्कालीन शासक जयपाल रोक नहीं सका। इसके बाद 1026 ईस्वी तक प्रतिवर्ष महमूद गजनवी ने भारत पर आक्रमण किए; राजाओं की सम्पत्तियों को लूटा और अनेक मदिरों को, जिनके पास अथाह धन-सम्पदा थी, लूट के उद्देश्य से उजाड़ा। जनता से उसने दण्ड उघाया और अन्ततः पंजाब को अपने शासन में मिलाया। महमूद ने ही काठियावाड़ के सोमनाथ मंदिर को भी लूटा था। उपरान्त गजनी के शासकों की राजधानी लाहौर बन गई, जिसे 1186 ईस्वी में गौर के शासकों ने जीत लिया। गौर के सुल्तान के भाई मुहम्मद (गौरी) ने पृथ्वीराज चौहान को पराजित करके पंजाब के बाद सारे दोआबे पर सत्ता स्थापित की थी।

6. कुछ अन्य सूफी सन्तों में शरफूदीन अहमद, जो मुस्लमानों में प्रवेश कर गई हिन्दू-रीतियों, व्यवहारों आदि के समर्थक थे; बाबा फरीद, जो विशेष रूप से पंजाब में अपनी विनयशीलता और उदार प्रवचनों के लिए प्रसिद्ध थे, को भी सम्मिलित किया जा सक्ता था। ये सभी एकेश्वरवाद के प्रबल समर्थक थे और अपने समानान्तर दूसरों, जैसे कि सुहरावर्दी एवं फिरदौसी-विचारों वाले धर्म-गुरुओं, से भिन्न थे। संक्षेप में, अलाउदौला सिमनानी (1261-336) जैसे धर्म-गुरुओं से सूफी सन्तों के व्यवहार पूर्णतः पृथक रहे थे।

****

अध्याय : चार

मुगल और पठान शासन

पन्द्रहवीं शताब्दी के पूर्वार्ध में ही कश्मीर घाटी के मुसलमान शासक, जैसे की जैनुलआबीद्दीन (निधन 1470 ईस्वी में) का शासन पूर्ववर्तियों की अपेक्षा कुछ उदार रहा था; लेकिन अब घाटी में सुन्नी और शिया मुसलमानों के मध्य संघर्ष की स्थिति उभरने लगी थी। यही नहीं, शासकों में भी आपसी मतभेद, विवाद और एक दूसरे के प्रति षड्यंत्रों का क्रम चल निकला था। संघर्षों का क्रम सामान्तों और कबीलों के मुखियाओं में भी जोर पकड़ने लगा था।

जब सोलहवीं शताब्दी के उत्तरार्ध में मुगल सम्राट अकबर ने अपना विजय-अभियान प्रारम्भ किया, उस समय कश्मीर में शासकीय स्तर पर विवाद बहुत गहरा गया था। सत्ता के विभिन्न दावेदारों ने कश्मीर में अनिश्चितता की स्थिति को उत्पन्न कर दिया था। इसी का लाभ उठाते हुए 1586 ईस्वी में सम्राट अकबर ने अपनी सेना को कश्मीर घाटी में भेजा और उस पर, बिना किसी बड़े युद्ध को लड़े, अधिकार कर लिया।[1] लेकिन वहाँ, तो भी, अकबर तुरन्त ही अपनी सत्ता को सुदृढ़ता प्रदान नहीं कर सका था। विरोध के उठते स्वरों और विरोधी गतिविधियों को दबाने के लिए उसे पुनः मुगल सेना को कश्मीर भेजना पड़ा था और 1589 ईस्वी में ही अकबर घाटी को अपने राज्य में मिला सका था।

अकबर मुस्लिम शासक था, लेकिन कश्मीरी जनता का एक वर्ग उसकी सत्ता से प्रसन्न नहीं था। अनेक कश्मीरी अकबर को, और उसके बाद के मुगल शासन को भी, विदेशी शासन मानते थे। कश्मीर पर

अधिकार करने के उपरान्त अकबर ने, ऊन और केसर के रूप में, कश्मीरियों से राजस्व लेना पसंद किया। कश्मीर ऊन व केसर के लिए प्रसिद्ध रहा था और अकबर को ये दोनों वस्तुएँ बहुत पसंद थी। यही नहीं, वह कश्मीर घाटी की शीतल, मनमोहक तथा स्वास्थ्यवर्धक जलवायु और वहाँ की प्राकृतिक सुन्दरता से बहुत प्रभावित हुआ; ग्रीष्म ऋतु में वह घाटी में जाता और कई सप्ताहों तक वहाँ रहता था।

मुगल सत्ता की कश्मीर में स्थापना का एक महत्त्वपूर्ण प्रभाव यह हुआ कि वहाँ राजनीतिक अस्थिरता का पटाक्षेप हुआ; अपेक्षाकृत शान्ति स्थापित हुई। कानून और व्यवस्था की जो स्थिति वहाँ बिगड़ चुकी थी, उसमें निश्चित ही सुधार हुआ। शिया-सुन्नी विवाद पर रोक लगी। एक-दूसरे के प्रति अत्याचारों में कमी आई। दूसरी महत्त्वपूर्ण बात, जो उल्लेखनीय भी रही, वह थी कश्मीर की पृथक पहचान का लोप हो जाना। मुसलमानों अथवा उनके पूर्व बौद्धों तथा हिन्दुओं के शासनकाल से ही, कश्मीर की संस्कृति, मान्यताओं और कलाओं का, न्यूनाधिक, संरक्षण स्थानीय शासकों द्वारा होता रहा था। भले ही कश्मीर की घाटी पर प्रत्यक्ष या अप्रत्यक्ष रूप से किसी भी केन्द्रीय भारतीय सत्ता का नियंत्रण रहा, लेकिन तब भी स्थानीय संरक्षण का तत्त्व वहाँ बना रहा था, जैसा कि हम विशेष रूप में हर्ष के समय में देख सकते हैं। लेकिन मुगलों के आधिपत्य के बाद वह स्थिति जाती रही थी। तीसरे, कश्मीर के लोग जिस प्रकार एक गौरवपूर्ण विरासत के उत्तराधिकारी रहे थे, न केवल सांस्कृतिक दृष्टि से, अपितु अनेक अन्य क्षेत्रों में भी, जैसा कि मैंने पहले उल्लेख किया है, पिछड़ेपन की ओर पग रखने लगे। विशेषरूप से जो कश्मीर शैक्षणिक व बौद्धिक दृष्टिकोण से, और ज्ञान की अनेक शाखाओं में अग्रणी था; भारत ही नहीं, अन्य कई देशों में भी, इस रूप में कश्मीर की तूती बोलती थी,

अब वह बौद्धिक अंधकार और बौद्धिक जगत में पिछड़ेपन की ओर चल पड़ा था।

अनेक विद्वानों व ज्ञानियों का कश्मीर घाटी से पलायन हुआ; कलाकारों, साहित्यकारों, संगीत व संस्कृति के पोषकों को अपनी चेतना गँवानी पड़ी। घाटी के भूस्वामियों को अपनी भूमि के अधिकार से वंचित होना पड़ा और स्थानीय लोगों को अपनी शासकीय या प्रशासनिक एवं रक्षा-सम्बन्धी सेवाओं से भी हटना पड़ा था। यद्यपि कश्मीर में मुगल शासन 1757 ईस्वी तक, तब तक बना रहा कि जब तक अफगान शासक अहमदशाह अब्दाली ने घाटी पर आक्रमण करके उसे नहीं हथिया लिया, लेकिन यदा-कदा, तब भी, कश्मीर के लोगों की ओर से मुगल शासन के विरुद्ध स्वर उठते रहे थे। मुगलकाल में यूसुफशाह का संघर्ष के लिए स्वर उठाना इसी कड़ी में देखा जा सकता है।

अकबर के बाद जहाँगीर, शाहजहाँ, औरंगजेब आदि सभी कश्मीर घाटी की सुन्दरता से प्रभावित रहे; वे वहाँ निरन्तर जाते रहे। कश्मीर घाटी उनमें से कुछ को पृथ्वी पर स्वर्ग के समान प्रतीत हुई, तो कुछ को ईश्वर का प्राकृतिक वरदान। औरंगजेब को विशेष रूप से चिनार के वृक्षों से लगाव था, तो शाहजहाँ व जहाँगीर को वहाँ के विभिन्न उद्यानों से। लेकिन बौद्धिक क्षेत्र में जो गिरावट और पतन का समय मुगल शासनकाल में प्रारम्भ हुआ, वह फिर कभी अपने गौरवमय इतिहास की पुनरावृत्ति नहीं कर पाया।

II

वर्ष 1757 ईस्वी में, दुर्बल और पतनोन्मुख मुगल शासनकाल के दौरान अफगानिस्तान के तत्कालीन शासक अहमदशाह अब्दाली ने कश्मीर पर अपनी सत्ता स्थापित की। माना जाता है कि कुछ अग्रणीय कश्मीरियों

ने अफगान शासक को घाटी पर अधिकार करने के लिए आमंत्रित किया था। लेकिन सत्यता यह भी रही थी कि स्वयं अहमदशाह अब्दाली कश्मीर घाटी सहित भारत के अन्य सभी क्षेत्रों, विशेष रूप में उत्तर भारत में, मुगल शासन की दुर्बलता से भली-भाँति परिचित था। 1739 में फारस के शासक नादिरशाह के दिल्ली पर आक्रमण के समय अहमदशाह उसके साथ था। वर्ष 1747 में नादिरशाह की मृत्यु के उपरान्त जब अहमदशाह के अधीन स्वतंत्र अफगान राज्य की स्थापना हो गई, तो अहमदशाह की इच्छा स्वयं यह रही थी कि वह सम्पूर्ण भारत को जीत ले। उसने पाँच बार, अर्थात् 1748, 1750, 1752, 1756-57 व 1758 में भारत पर आक्रमण किए थे। यद्यपि अनेक प्रतिरोधों, जिनमें पंजाब के सिक्खों का प्रतिरोध प्रमुख था, के कारण अहमदशाह की इच्छा पूरी नहीं हो सकी थी, लेकिन कश्मीर को तब भी उसने अपने राज्य में सम्मिलित कर लिया था। कश्मीर में अहमदशाह व अफगानों के सामने कोई गम्भीर प्रतिरोध नहीं रहा था; मुगलों की अपेक्षा अफगानों को उस समय स्थानीय सहयोग प्राप्त हुआ था।

जिस समय अब्दाली भारत पर आक्रमण करके उस पर अधिकार करने की चेष्टा में संलग्न था, उसी दौरान मराठे भी उत्तर की ओर बढ़ रहे थे। पेशवा बालाजी बाजीराव[2] के नेतृत्व में उनका 1761 में अहमदशाह की सेना से पानीपत के मैदान में सामना हुआ।[3] मराठे बुरी तरह पराजित हुए; उनकी शक्ति अत्यधिक क्षीण हो गई। इस युद्ध में स्वयं अहमदशाह को भारी हानि उठानी पड़ी थी। उसकी शक्ति भी बहुत कम हो गई, जिसे पुनः जुटाने के उद्देश्य से वह अफगानिस्तान वापस जाने को विवश हुआ। लेकिन अफगानिस्तान वापस पहुँचकर उसे कई मोर्चों पर आन्तरिक अशान्ति और उपद्रवों का सामना करना पड़ा; सामन्तों की फूट व कलह

ने आगे के उसके भारत अभियान में बाधा डाली। अन्ततः स्वयं अहमदशाह अब्दाली की मृत्यु हो गई और इससे एक उल्लेखनीय बात सामने यह आई कि भविष्य में अफगानों के भारत पर विजय-अभियान के स्वप्न टूट गए।

विशेष रूप से पंजाब के सिक्खों ने उसी समय अफगानों पर आक्रमण कर उन्हें वापस भगाना प्रारम्भ कर दिया था, जब अहमदशाह अब्दाली शक्ति को पुनः अर्जित करने के उद्देश्य से वापस अफगानिस्तान गया था। और यही नहीं, सिक्खों ने अफगानों को क्षेत्र से भगाने के साथ ही एक स्वतंत्र राज्य की दिशा में कदम रखने प्रारम्भ कर दिए थे।

शेष भारत में तो अन्ततः अफगानों का कोई विशेष प्रभाव या प्रभुत्व नहीं रह गया था, लेकिन कश्मीर वर्ष 1819 तक अफगान सत्ता के अधीन ही रहा था। कश्मीर के लिए सभी शासकीय आदेश काबुल से जारी होते थे; कश्मीर के लिए सूबेदारों की नियुक्तियाँ वहीं से की जाती थीं। कश्मीर में अफगान शासन के लगभग 62 वर्षों के समय में क्षेत्र की जनता का कोई विकास नहीं हुआ था। विपरीत इसके अफगान सूबेदारों ने कश्मीर घाटी की भरपूर लुटाई की, अपने निजी हित हेतु और अपनी केन्द्रीय सत्ता-दोनों-के लिए वहाँ से सम्पदा को खूब उड़ाया। कश्मीरी ऊन, केसर, मेवों आदि सहित दूसरी समस्त वस्तुओं को, जिनके लिए घाटी सूदूर देशों में भी प्रसिद्ध थी, अफगानों ने निरन्तर छीनने, झपटने या लूटने का क्रम बनाए रखा था।

कदाचित् अफगानियों के शासनकाल के दौरान ही कश्मीर में सर्वाधिक भययुक्त वातावरण निर्मित हुआ। अफगान क्रूर आक्रान्ताओं की

भाँति निरन्तर दीनता के निम्न स्तर को जा रहे कश्मीरियों से बलपूर्वक, और जैसा कि कहा है, उन्हें भयभीत करके, अपने शासन का दास बनाकर रखते थे। यह ऐतिहासिक सत्यता है कि यदि मुगल शासन कश्मीर में बौद्धिक, सांस्कृतिक, कलात्मक और क्षेत्र के गौरवमय इतिहास को मिटाने के लिए उत्तरदायी रहा, तो अफगान शासन ने क्षेत्र को लूटने और वहाँ अत्याचारों की सीमा को लाँघने का कार्य किया। अफगान सत्ता कश्मीर में अमानुषिक कृत्यों की चरम सीमा पर थी। कश्मीर के सम्मान, प्राचीन यश और सभी क्षेत्रों की पूर्व में रही उसकी क्षमता का पटाक्षेप अफगान सत्ता-काल में हुआ। चूँकि अफगानों ने कश्मीरियों पर अत्याचारों के साथ ही सदा सन्देह भी किया, इसलिए कश्मीरी दुर्बलता की ओर बढ़े; स्पष्ट शब्दों में वे कायर बन गए। अपनी सुरक्षा करने लायक भी वे नहीं रह गए।

अफगान शासन में हिन्दुओं को इस्लाम में परिवर्तित करने का क्रम जारी रहा। उन पर जजिया कर लगाया गया। ब्राह्मणों सहित अन्य हिन्दुओं का इस समय भी घाटी से अन्य क्षेत्रों को पलायन हुआ। केवल वे ही कुछ ब्राह्मण कश्मीर में सुरक्षित रहे, जो अफगानों की शासकीय सेवा में थे, जो क्षेत्र की प्रशासनिक गतिविधियों की जानकारी रखते थे और उसके संचालन में शासकों की सहायता करते थे।

उक्त दोनों—मुगल और अफगान—शासन के दौरान कश्मीरियों की सामाजिक, सांस्कृतिक, राजनीतिक और आर्थिक दशा के साथ ही बौद्धिक ह्रास की स्थिति का हम, इस प्रकार, भली-भाँति अनुमान लगा सकते हैं। कुछ एक को छोड़कर शेष सभी अल्पसंख्यकों की शोचनीय स्थिति को भी हम जान व समझ सकते हैं।

सन्दर्भः

1. *जैसा कि ऐतिहासिक प्रणाम बताते हैं, अकबर से पूर्व उनके पिता हुमायुँ के शासनकाल में भी , सोलहवीं शताब्दी ईस्वी के मध्य में, मुगल सेना ने पूर्णतः कश्मीर पर आधिपत्य करने का प्रयास किया था, लेकिन वह प्रयास कुछ समय तक के लिए ही सफल रह सका था। हुमायुँ के एक सेनापति, हैदर, ने कश्मीर घाटी पर सत्ता स्थापित की थी, जो कुछ वर्षों तक ही बनी रह सकी और अकबर के घाटी पर पूर्ण आधिपत्य के पूर्व वहाँ स्थानीय शासक, जो दुर्बल थे और परस्पर संघर्षरत भी, सत्ता में बने रहे थे।*
2. *पेशवा बालाजी बाजीराव (1740-1761) और अहमदशाह अब्दाली की सेनाओं की भीषण टक्कर के बाद जब मराठे पराजित हो गए, तो उससे बाजीराव को इतना भारी आघात लगा था कि उसकी शोकाकुल अवस्था में ही मृत्यु हो गई थी। यही नहीं, अनेक अन्य श्रेष्ठ मराठा सेनापति भी उस युद्ध में खेत रहे थे।*
3. *यही लड़ाई इतिहास में 'पानीपत के तीसरे युद्ध' के रूप में जानी जाती है।*

****

अध्याय : पाँच

सिक्ख और डोगराकाल

1819 में पंजाब के सिक्ख शासक रणजीत सिंह ने कश्मीर घाटी को अपने राज्य में मिला लिया, और जैसा कि इतिहास साक्षी है, सिक्खों के बाद कश्मीर घाटी 1846 ईस्वी में डोगराओं के नियंत्रण में चली गई। अफगानों से सिक्खों और सिक्खों से डोगराओं को कश्मीर घाटी के हस्तान्तरण से जुड़ा एक महत्त्वपूर्ण और विशेषरूप से उल्लेखनीय ऐतिहासिक घटनाक्रम रहा था, जिसका संक्षिप्त लेखा-जोखा यहाँ प्रस्तुत किया जाना अप्रासंगिक नहीं होगा।

अट्ठारहवीं शताब्दी के उत्तरार्ध में जब सिक्खों ने अफगानों को पीछे खदेड़ने का कार्य किया, उस समय पंजाब लगभग एक दर्जन रियासतों की भाँति की इकाइयों के अन्तर्गत था; प्रत्येक इकाई का एक नेता था, जो शासक स्वरूप कार्य करता था, तथा वह खालसा[1] के अधीन था। लेकिन इन शासकों को बाद में खालसा के सैन्य वर्ग से चुनौती मिलने लगी थी। इसी के साथ, उनमें परस्पर संघर्ष होने लगे थे; उनमें से प्रत्येक अपनी सीमा को विस्तृत करना चाहता था और अन्यों से अधिक सम्पन्न भी होने की इच्छा रखता था। इन्हीं में एक रणजीत सिंह की, जो सुकरचकिया के सरदार नेतृत्वकारी, या दूसरे शब्दों में रियासत के शासक थे, स्थिति महत्त्वपूर्ण बनकर उभरी। स्थिति के महत्त्वपूर्ण बनने के पीछे मुख्य कारण 1797 ईस्वी में रणजीत सिंह द्वारा उस सैन्य दल का नेतृत्व करना था, जिसने तत्कालीन अफगान शासक जमान शाह के विरुद्ध लोहा लिया था; अफगानियों के दुस्साहस को विफल करने में मुख्य

भूमिका निभाई थी। उपरान्त उत्साहित रणजीत सिंह ने 1799 में लाहौर पर विजय प्राप्त की तथा महाराजा की उपाधि धारण की। लाहौर विजय के बाद पूरे पंजाब को एकता के सूत्र में पिरोने का अभियान रणजीत सिंह ने प्रारम्भ किया। उसे इस कार्य में आशातीत सफलता मिली; भारी जनसमर्थन प्राप्त हुआ, क्योंकि कुछ इतिहासकारों के अनुसार, "रणजीत सिंह से पूर्व के शासक सरदारों में जो परस्पर संघर्ष चला, उससे जनता को बहुत कठिनाइयाँ उठानी पड़ी थीं। अपनी कठिनाइयों के अन्त के लिए, विशेष रूप से किसानों ने, रणजीत सिंह को सहयोग दिया; वे चाव के साथ उसकी सेना में भर्ती हुए।" लेकिन इसके अतिरिक्त एक अन्य महत्त्वपूर्ण कारण और भी था कि जिसके आधार पर पंजाब के लोगों ने रणजीत सिंह के नेतृत्व में एकताबद्ध होने का निश्चय किया था। कारण यह था कि उस समय तक भारत के अनेक भागों में ईस्ट इण्डिया कम्पनी आ चुकी थी। अंग्रेज बंगाल के अधिग्रहण (1757) सहित अनेक भागों को विजित कर चुके थे। उनके साथ युद्ध में मैसूर के शासक अन्ततः पराजित हो चुके थे; भारत में ब्रिटिश गवर्नर-जनरल नियुक्त हो चुके थे। इसलिए, "पंजाब के लोगों को कम्पनी और ब्रिटिश सत्ता से निरन्तर भय बना हुआ था। उन्हें उनके पंजाब में आ जाने की आशंका थी, जिससे बचाव का सबसे सशक्त मार्ग पंजाब की किसी एक योग्य व कुशल शासक के नेतृत्व में एकता (ही) हो सकती थी, और रणजीत सिंह उस समय इस कार्य हेतु सर्वश्रेष्ठ थे।"

उन्नीसवीं शताब्दी के दूसरे दशक में अपनी स्थिति को अच्छी तरह सुदृढ़ करने के उपरान्त, रणजीत सिंह का ध्यान अपने राज्य के विस्तार की ओर गया। उसने अफगान राज्य के एक भूभाग पर तो अधिकार किया ही, 1819 में कश्मीर को भी अपनी सत्ता में मिला लिया।

इस समय, अर्थात 1819 में जब रणजीत सिंह की सेनाएँ घाटी में पहुँचीं, तो वहाँ अफगान ही सत्ता में थे। लेकिन जैसा कि उल्लेख किया है, जनता, विशेष करके किसान-वर्ग अफगानों के शोषण से तंग आ चुका था। जनता की मानसिकता की सूचना रणजीत सिंह को बीरबल धर ने दी थी, जो अफगानों का एक प्रमुख राजस्व अधिकारी था। इसलिए सिक्ख सेनाएँ घाटी में घुसीं और उन्होंने सहज ही अफगानों को परास्त कर दिया था।

कश्मीरी जनता एक के उपरान्त दूसरी तानाशाही के नियंत्रण में आ गई। रणजीत सिंह ने कश्मीर का शासन सूबेदारों के माध्यम से चलाया, जिनका निश्चित रूप से प्रथम उद्देश्य शासक के लिए कुछ पाना था; लाहौर के हितों की सर्वोच्चता को ही देखना था। लेकिन इसी के साथ, अब हिन्दुओं के हितों को प्राथमिकता मिलने लगी; वे पूर्व की अपेक्षा कहीं अधिक सुरक्षा की परिधि में आ गए।

1839 ईस्वी में रणजीत सिंह की मृत्यु हो गई। उसके निधनोपरान्त लाहौर-सत्ता के ह्रास का क्रम प्रारम्भ हुआ। जहाँ रणजीत सिंह ने पंजाब में लोगों पर से करों के भार को कम करने और अपने सशस्त्र बलों को सुदृढ़ करने में[2] विशेष रुचि ली थी, उसके उत्तराधिकारी, जो दुर्बल थे, अपने लिए सत्ता-संघर्ष में ही लिप्त हो गए। ऐसे में कश्मीर के तत्कालीन सूबेदार ने लाहौर से अपने को पृथक करने का प्रयास किया। उधर दुर्बल सिक्ख शासकों की स्थिति से परिचित अंग्रेजों का ध्यान अफगान युद्ध (1839-1842) तथा सिन्ध पर आधिपत्य (1843) के बाद, पंजाब की ओर भी गया। उस समय रणजीत सिंह का अवयस्क पुत्र दलीप सिंह सत्तारुढ़ था। लेकिन राजपरिवार में कई गुट बने हुए थे और वे सभी एक-दूसरे के प्रतिद्वन्द्वी भी थे।

अवसर का लाभ उठाते हुए अंग्रेजों ने अन्ततः 1846 में युद्ध द्वारा सिक्खों को परास्त कर दिया और पंजाब के अधिकतर क्षेत्रों पर भी नियंत्रण कर लिया। अब कश्मीर की स्थिति में भी परिवर्तन आना ही था। वह आया भी। हम उसे देखें, उससे पूर्व कश्मीर घाटी में सिक्ख शासन के समय आए परिवर्तनों, जिन्हें महत्त्वपूर्ण माना जा सकता था, पर भी दृष्टि डाल लें, तो अनुचित नहीं होगा।

विशेष रूप से रणजीत सिंह के निधनोपरान्त कश्मीर घाटी में सिक्खों के शासन के दौरान हिन्दुओं व सिक्खों के हितों की सर्वोच्चता रही। यह अस्वाभाविक भी नहीं था। राजतंत्र में, जैसा कि होता है, शासकीय स्तर से घाटी के बहुसंख्यकों के प्रति अनेक समय ऐसे कृत्य हुए, जो अत्याचार कहे जा सकते हैं। लेकिन तुलनात्मक रूप से ऐसी घटनाएँ पूर्व में अल्पसंख्यकों के प्रति हुई घटनाओं से बहुत कम थीं। एक विशेष बात यह भी थी कि घाटी में हिन्दुओं और मुसलमानों के मध्य किसी गम्भीर या बड़े संघर्ष की बात सामने नहीं आई। हाँ, सुन्नी तथा शिया मुसलमानों के बीच भीमा सिंह अरदाली के सूबेदार होने के समय एक गम्भीर संघर्ष हुआ था। उस समय शिया मुसलमानों के बाहुल्य वाले क्षेत्रों, हासन और जदीबल, को भारी क्षति भी पहुँची थी।

जिस प्रकार पूर्ववर्ती शासकों के समय भारी संख्या में धर्म-सम्प्रदाय के परिवर्तन की घटनाएँ घाटी में हुई थीं, सिक्खों के शासनकाल में ऐसा कुछ नहीं हुआ था। आर्थिक दृष्टि से देखा जाए, तो सिक्खों के समय घाटी में कुटीर उद्योगों, अथवा दूसरे शब्दों में, शाल के उद्योग का व्यापक रूप से विकास हुआ; तो भी यह बात दूसरी थी कि इस उद्योग पर शासकों की ओर से भारी-भरकम कर लगाया गया था। इस कार्य से जुड़ें लोगों की स्थिरि., उद्योग के फलीभूत होने के बाद भी, बहुत अच्छी

नहीं थी। और, घाटी के बहुसंख्यकजन शासन से बहुत अधिक प्रसन्न भी नहीं थे, यह सत्यता रही थी।

II

जैसा कि मैंने पूर्व में उल्लेख किया है, पंजाब के शासक रणजीत सिंह ने अपनी सेना को सुदृढ़ और आधुनिक स्वरूप प्रदान करने के लिए, जो भी श्रेष्ठ ढंग से उस समय सम्भव हो सकता था, कोई कमी शेष नहीं रखी। अनेक सेनानायकों, जैसा कि कहा है, के निरीक्षणत्व में उन्होंने अपने सैन्य-बल को संगठित किया; सेनापतियों की सेवाएँ लीं, जिसमें डोगरा सरदार गुलाब सिंह भी थे। इन्हीं गुलाब सिंह को 75 लाख रुपए में 'अमृतसर की सन्धि'[3] के अन्तर्गत, अंग्रेजों ने कश्मीर को बेच दिया था।

उक्त विक्रय से पूर्व फरवरी, 1946 में अंग्रेजों ने पंजाब राज्य से कश्मीर को अपने नियंत्रण में लिया, उसे उससे पृथक किया; सदा के लिए एक पृथक क्षेत्र, जो सिन्धु और रावी नदियों के पृष्ठ प्रदेश में था, को उपरान्त स्वतंत्र अधिग्रहण के रूप में गुलाब सिंह को दे दिया।[4] क्या गुलाब सिंह 75 लाख रुपये अंग्रेजों को चुकाने के बाद कश्मीर के सम्प्रभु शासक बने, या अंग्रेजों की सर्वोच्च सत्ता के अन्तर्गत एक राजा? यह प्रश्न जिज्ञासा भरा हो सकता है। इसका उत्तर ढूँढ़ने से पूर्व हमारे लिए यह अच्छा होगा कि हम गुलाब सिंह के सम्बन्ध में कुछ और भी जानें।

गुलाब सिंह जम्मू क्षेत्र के एक शक्तिशाली डोगरा राजपूत और जमींदार थे; वे रणजीत सिंह की सेना के एक नायक रहे थे तथा जिस समय उन्हें अंग्रेजों ने 75 लाख रुपए लेकर कश्मीर को सौंपा था, उस समय वे जम्मू और लद्दाख पर शासन कर रहे थे। गुलाब सिंह, इस प्रकार,

आज जम्मू-कश्मीर के रूप में पहचाने जाने वाले प्रान्त के तीनों प्रमुख क्षेत्रों—कश्मीर घाटी, जम्मू और लद्दाख—के शासक थे। डोगरा राज्य की सीमाओं में कुछ और वृद्धि उनके व उनके उत्तराधिकारी शासकों के समय में हुई।[5] उदाहरण के लिए गुलाब सिंह के पुत्र और डोगरा वंश के दूसरे शासक रणबीर सिंह के राज्यकाल (1857-1885) में यासीन और दार्द घाटी के अतिरिक्त, चीन के सिक्यांग से सटे क्षेत्र को उनके राज्य का भाग बनाया गया; उपरान्त हूँजा व नागर भी इसी वंश के शासन के भाग बने।

वैसे तो गुलाब सिंह को अंग्रेजों ने कश्मीर की सत्ता का हस्तान्तरण स्वतंत्र प्रभुत्व के रूप में ही किया था, लेकिन समझौते की शर्तों के अनुसार राज्य-सत्ता पर अंग्रेजों की सर्वोच्चता थी। ब्रिटिश सरकार की सहमति के बिना राज्य की सीमाओं में कोई परिवर्तन न करने; उनके अपने और लाहौर के मध्य, या उनके व किसी अन्य निकटवर्ती राज्य के मध्य किसी भी विवाद को सुलझाने हेतु ब्रिटिश सरकार की मध्यस्थता को मानने, और साथ ही उसी का अन्तिम रूप से विवाद हेतु दिए गए निर्णय को स्वीकारे जाने; राजा व उसके उत्तराधिकारियों के ब्रिटिश सेना का भाग होने; किसी अंग्रेज, यूरोपीय या अमरीकी नागरिक को बिना ब्रिटिश सरकार की सहमति के कश्मीर राज्य की सेवा में न रखने; और सुरक्षा व वैदेशिक विषयों का अंग्रेजों द्वारा ही राज्य की ओर से संचालन किए जाने जैसी मुख्य-मुख्य शर्तें समझौते का भाग रही थीं। लेकिन अनेक अन्य राज्यों की ही भाँति चूँकि ब्रिटिश सरकार ने अपना कोई रेंजिडंट गुलाब सिंह के राज्य में नियुक्त करने की शर्त समझौते में सम्मिलित नहीं की थी, इसलिए यह एक प्रकार से राज्य को विशेष स्तर प्रदान करने वाली बात थी। यह विशेष स्तर 1885 ईस्वी तक बना रहा था।

वास्तव में जम्मू-कश्मीर राज्य का सामरिक दृष्टि से उन्नीसवीं शताब्दी में अंग्रेजों के लिए भी उसी प्रकार महत्त्व था, जितना स्वाधीनता के द्वार पर खड़े भारत के लिए रहा था, और आज भी है। जैसा कि हम जानते हैं, अफगानों की अंग्रेजों को चुनौती थी। रूस का विस्तार होने और साथ ही अंग्रेजी साम्राज्य की सीमाओं तक उसके पहुँच जाने से अंग्रजों की चैन तो बनी ही नहीं रह सकती थी। इसलिए अपने सुरक्षा-सम्बन्धी हितों के लिए उन्हें कश्मीर घाटी की ओर देखना ही था। घाटी पर प्रत्यक्ष नियंत्रण डोगराओं का था, लेकिन अंग्रेज तो अप्रत्यक्षतः ही उससे जुड़े थे। फिर, कश्मीर के अन्य निकटवर्ती क्षेत्र अंग्रेजों के प्रत्यक्षतः अधीन थे। इनकी, और अन्ततः अपने साम्राज्य की सुरक्षा हेतु, इसीलिए, उन्होंने कश्मीर में अपना प्रतिनिधि रखने का प्रयास किया, ताकि सीमापार की गतिविधियों से उन्हें निश्चित, ठोस व आवश्यक सूचनाएँ प्राप्त होती रहें, जिनके माध्यम से वे अपनी सुरक्षा व दूसरे हितों के संरक्षणार्थ अपनी रणनीति बनाते रहें; आवश्यक कदम उठाते रहें। चूँकि गुलाब सिंह व उनके उत्तराधिकारी रणबीर सिंह निरन्तर अंग्रेजों के अपने राज्य में रैंजिडंट को नियुक्त करने के प्रयासों का विरोध करते रहे थे, इसलिए वे अपनी इस इच्छा की पूर्ति 1885 में रणबीर सिंह की मृत्यु के बाद ही कर सके थे। चूँकि अगले अध्याय में अंग्रेजों और डोगरा शासकों के मध्य के सम्बन्धों, विशेष रूप से गुलाब सिंह, रणबीर सिंह और प्रताप सिंह के शासन के दौरान (1846-1925) की, संक्षिप्त समीक्षा की जाएगी, इसलिए अभी इस बात को रोककर मैं डोगराओं के अन्तर्गत कश्मीर की सामाजिक, सांस्कृतिक, राजनीतिक एवं आर्थिक स्थिति की चर्चा करना चाहूँगा।

II

निश्चित रूप से पहले तीनों डोगरा शासकों–गुलाब सिंह, रणबीर सिंह और प्रताप सिंह–के शासन को हिन्दुओं के प्रति उदार अथवा दूसरे शब्दों में हिन्दू-समर्थक कहा व माना जा सकता है; वह शासन, तो भी, था राजतंत्र ही। राजतंत्र में शासक अपने धर्मावलम्बियों के लिए अपने हितों का बलिदान नहीं किया करते। यहाँ तक कि शासक अपने स्वार्थ को अपने सगे-सम्बन्धियों की खातिर भी नहीं छोड़ते हैं। कश्मीर के डोगरा शासक भी इसका अपवाद कैसे हो सकते थे?

तो भी हिन्दुओं के समर्थक डोगरा शासन में घाटी में प्राचीन मंदिरों, जिन्हें पूर्ववर्ती शासकों, विशेषरूप से मुसलमानों के आधिपत्य काल में भारी क्षति पँहुचाई गई थी, के पुनरोद्धार का कार्य किया गया। गौहत्या को रोकने के प्रयास किए गए। लेकिन सिक्खों की ही भाँति डोगरा शासन में भी शासकीय स्तर से धर्म-सम्प्रदाय परिवर्तन की घटनाएँ प्रकाश में नहीं आईं।

सामाजिक दृष्टि से, और साथ ही राजनीतिक व आर्थिक दृष्टिकोण से भी, हिन्दुओं, विशेष करके कश्मीरी पण्डितों की स्थिति अन्यों से कहीं अधिक उच्च व सम्पन्न थी। लगभग चार सौ उच्च अधिकारियों में से, जो महाराजा हरि सिंह के शासन से पूर्व राज्य में कार्यरत रहे थे, लगभग पचास ही मुसलमान थे। शेष में हिन्दू, दूसरे शब्दों में घाटी के पण्डित ही अधिकांशतः सेवारत रहे थे।

जब महाराजा गुलाब सिंह ने राज्य की सत्ता सँभाली थी, तो उस समय नाममात्र को ही मुसलमान शिक्षित थे, लेकिन प्रताप सिंह के शासन तक स्थिति परिवर्तित होने लगी थी। मुस्लिम सम्प्रदाय से भी अनेक

नवयुवक न केवल भारत के अन्य भागों में उच्च शिक्षा के लिए गए, अपितु वे विदेशों में भी इस उद्देश्य के लिए पहुँचे। लेकिन तब भी हिन्दुओं की स्थिति इस रूप में (भी) मुसलमानों की अपेक्षा कहीं अधिक उच्च थी; वह उन्नत थी। पूरे राज्य में उच्च शिक्षा प्राप्त लोगों में बीसवीं शताब्दी के तीसरे दशक के प्रारम्भ में अस्सी प्रतिशत से भी अधिक कश्मीरी ब्राह्मण थे, जबकि राज्य की कुल जनसंख्या में वे पौने दो प्रतिशत के लगभग ही थे। मुसलमानों में शनैः-शनैः इस बात के प्रति चिन्ता के चिह्न दृष्टिगोचर होने लगे थे। शासक से उनकी माँग भी होने लगी थी कि वह मुसलमानों में शिक्षा के प्रसार-कार्य को बढ़ाने में सहयोग दे, ताकि शिक्षित मुसलमान सरकारी नौकरियों में आ सकें।[6]

कश्मीरियों का मुख्य व्यवसाय कृषि रहा था; ऐसा ही अभी तक भी है। गुलाब सिंह के विपरीत रणबीर सिंह एवं प्रताप सिंह के शासनकाल में थोड़ा-थोड़ा उदार, अर्थात सहानुभूतिपूर्ण दृष्टिकोण इस सन्दर्भ में दीख पड़ता है, लेकिन सामान्य रूप से किसानों, साथ ही शाल उद्योग से जुड़े कामगारों की स्थिति में कोई विशेष परिवर्तन की बात नहीं की जा सकती। लोग गरीबी के वशीभूत रहे; न्यूनाधिक शोषण का शिकार भी रहे। शासकों की आर्थिक स्थिति भले ही सुदृढ़ रही हो, शासन कार्यों में अग्रणी और शिक्षित वर्ग घाटी में भले ही सम्पन्न रहा हो, लेकिन डोगराकाल में सामान्यतः आमजन की आर्थिक स्थिति शोचनीय ही रही।

कठिन परिश्रमकर्ता लोग घाटी से बाहर जाकर भी पेट भरने के लिए विवश होते थे। वे निकटवर्ती क्षेत्रों, विशेष रूप से पंजाब में रोजी-रोटी की खोज में जाते एवं महीनों तक वहाँ श्रमिकों की भाँति कार्य

करते थे। निश्चित रूप से प्राकृतिक संसाधनों से सम्पन्न और ऐसे क्षेत्र के लिए, जहाँ आमजन के लिए रोजी-रोटी की समस्त सम्भावनाएँ मौजूद हों, उक्त स्थिति लज्जाजनक ही कही जा सकती थी; शासकीय उपेक्षा और अक्षमता की प्रतीक भी वह स्थिति मानी जा सकती थी।

कुल मिलाकर प्रथम तीनों डोगरा शासकों के काल में कश्मीर घाटी के सामाजिक, सांस्कृतिक, राजनीतिक और आर्थिक क्षेत्रों में, राज्य के आमजन को केन्द्र में यदि रखकर देखें, तो कोई उल्लेखनीय बात सामने नहीं आती। हाँ, जैसा कि संकेत किया है, गुलाब सिंह की अपेक्षा रणबीर सिंह तनिक उदार माने जाते थे; जबकि रणबीर सिंह की तुलना में प्रताप सिंह उदार होने के साथ-साथ अधिक लोकप्रिय रहे थे। इसका कारण यह था कि प्रताप सिंह आम लोगों को सुनते थे, दूसरे शब्दों में, लोगों की उन तक पहुँच अपेक्षाकृत पहले से अधिक थी; लोगों को उनकी कठिनाइयों व दुखों में राहत कितनी मिल पाती थी? यह बात, तो भी, दूसरी थी। किसी राजतंत्र में जैसे आमजन से बलपूर्वक कार्य लिया जाता है, उसका विभिन्न रूपों में शोषण किया जाता है, कश्मीर भी उसका अपवाद नहीं था। न केवल डोगरा ही, अपितु उसके पहले के राजवंशों के काल में भी ऐसा होता रहा था।

सन्दर्भः

1. *वास्तव में 'खालसा' शब्द अरबी भाषा के 'खालिस' शब्द से निकला है। इस का अर्थ होता है 'शुद्ध'।*
2. *इस कार्य के लिए रणजीत सिंह ने नैपोलियन बोनापार्ट की सेना में रहे अनेक कमान्डरों के निरीक्षण में अपनी सेना का पुनर्गठन कराकर उसे शक्तिशाली बनाया था।*

3. सन्धि के विस्तार के लिए देखिएगा परिशिष्ट संख्या एक।

4. इस क्षेत्र पर गुलाब सिंह के उपरान्त उसके उत्तराधिकारियों का अधिकार रहने की व्यवस्था थी।

5. जैसा कि गिलगित और बालतिस्तान को विशेष रूप में उसी के राज्यकाल में मिलाया गया।

6. इस सन्दर्भ में 1912 में अमृतसर (पंजाब) में हुए कश्मीरी मुसलमानों के सम्मलेन के माध्यम से राज्य के मुसलमानों हेतु निःशुल्क शिक्षा-व्यवस्था किए जाने की माँग की गई थी। इस कार्य के लिए मुस्लिम अध्यापकों को नियुक्त करने का सम्मलेन में प्रस्ताव पास किया था। उसमें यह भी कहा गया था कि चूँकि कश्मीर राज्य से पर्याप्त शिक्षक नहीं मिल सकेंगे, इसलिए अन्य राज्यों, जैसे कि पंजाब से मुस्लिम अध्यापकों को भर्ती किया जाए। लेकिन राज्य-शासन ने यह माँग नहीं मानी, यद्यपि राजसत्ता की ओर से मुसलमानों को उनकी योग्यता के अनुसार कोई भी शासकीय सेवा देने की बात की गई; मुसलमानों की शिक्षा-व्यवस्था के लिए कदम उठाने का आश्वासन दिया गया।

****

अध्याय : छः

डोगरा-अंग्रेज सम्बन्ध

वर्ष 1946 ईस्वी में, जैसा कि उल्लेख किया है, 'अमृतसर की सन्धि' के अन्तर्गत रखी गई शर्तों के अनुसार कश्मीर को डोगरा सरदार गुलाब सिंह को दिया गया; अंग्रेजों ने गुलाब सिंह से, जैसा कि हम जानते हैं, पचहत्तर लाख रुपये की राशि इस क्षेत्र के लिए ली। समझौते की शर्तों और अंग्रेजों की राज्य पर सर्वोच्चता आदि, एवं अन्य राज्यों की भाँति कश्मीर में अंग्रेजी रैंजिडंट[1] के न रखे जाने की बात भी गत अध्याय में मैंने की है। ऐसा करने से अन्यों से भिन्न जम्मू-कश्मीर राज्य की एक विशेष स्थिति उभरी। साथ ही, कश्मीर के शासक का स्तर भी अन्य राज्यों, जो सर्वोच्च ब्रिटिश सत्ता के अन्तर्गत आते थे, के शासकों से भिन्न रहा। यही कारण था कि अपनी स्थिति का लाभ लेते हुए कश्मीर के द्वितीय डोगरा शासक रणबीर सिंह ने 1865 एवं 1870 ईस्वी में ताशकंद में रूसी प्रशासन से सम्पर्क करने का प्रयास किया।[2] इस समय आंग्ल-रूसी सम्बन्धों में तनाव था; वे तीव्रता के साथ बिगड़ रहे थे। बिगाड़ के पीछे कारण था, मध्य एशिया के भागों का रूस में मिला लिया जाना। यद्यपि तत्कालीन रूसी सरकार[3] के साथ कश्मीर के शासक का सम्पर्क करने का प्रयास सफल तो नहीं हो पाया था, लेकिन अंग्रेजों के लिए सतर्क हो जाने की बात अवश्य ही सामने आ गई। वैसे इसके अतिरिक्त कश्मीर के अफगान सीमा के निकट होने और रूसी सत्ता के विस्तार के चलते भी अंग्रेजों को राज्य की सामरिक स्थिति व साम्राज्य के लिए उसके महत्त्व का पूर्व से अधिक ध्यान आ गया। परिणामस्वरूप

कश्मीर के तृतीय डोगरा शासक के रूप में प्रताप सिंह ने 1885 में जब सत्ता सँभाली, तो उसके विरोध के बाद भी, अंग्रेजों ने कश्मीर में अपना रैंजिडंट नियुक्त कर दिया।

भले ही अंग्रेजों का राज्य में रैंजिडंट नियुक्त करने के लिए कुछ भी तर्क रहा हो, उन्होंने राज्य के शासक को कोई भी आश्वासन दिया हो, लेकिन इस कार्यवाही का निश्चिततः उद्देश्य "राज्य-सत्ता के कार्यों में हस्तक्षेप, उसकी गतिविधियों पर कड़ी दृष्टि रखना और उस पर अपनी पकड़ को सुदृढ़ करना ही था।" ऐसा ही उपरान्त उन्होंने किया भी और इस हेतु प्रताप सिंह के भाइयों-अमर सिंह तथा राम सिंह-को प्रयुक्त भी किया।[4]

विशेष रूप से शासक के भाई अमर सिंह पर अंग्रेजों का वरदहस्त था। साम्राज्यवादियों के हितों की श्रेष्ठतम पूर्ति उन्हीं के माध्यम से सम्भव करने के प्रयास किए गए। अमर सिंह ने पहले तो राम सिंह के साथ मिलकर प्रताप सिंह की सत्ता को चुनौती देने का प्रयास किया; राजसत्ता पर अपने अधिकतम प्रभाव को स्थापित करने का कार्य किया। उपरान्त 1889 में प्रताप सिंह को सत्ता से पृथक तक हो जाने को बाध्य किया। उसी कार्य का परिणाम था कि प्रताप सिंह प्रशासनिक सत्ता से पृथक हो गए और उनके स्थान पर प्रशासन का संचालन करने के लिए एक पाँच सदस्यों वाली संचालक परिषद का ब्रिटिश सरकार ने गठन किया। अमर सिंह और राम सिंह, दोनों, उस परिषद में सम्मिलित रहे थे; जबकि अमर सिंह उसके अध्यक्ष भी घोषित किए गए। ब्रिटिश रैंजिडंट को अधिकार दिया गया था कि वह संचालक परिषद को पूर्णतः परामर्श दे और प्रशासनिक विषयों में भी, जब तथा जहाँ आवश्यक हो, अपना मत व्यक्त करे, जिसे स्वीकार करना परिषद के लिए आवश्यक होगा।

यद्यपि उक्त संचालक परिषद की कार्य-अवधि पाँच वर्ष के लिए रखी गई थी, लेकिन दो वर्षों के बाद, अर्थात वर्ष 1891 में प्रताप सिंह को पुनः कुछ नाममात्र की शक्तियाँ अंग्रेजों ने वापस कर दीं। जो संचालक परिषद अमर सिंह की अध्यक्षता में 1889 में गठित की गई थी, अब उसका अध्यक्ष स्वयं महाराजा प्रताप सिंह को बना दिया गया, जबकि अमर सिंह उसके उपाध्यक्ष हो गए। ब्रिटिश रैंजिडंट की परामर्श देने की शक्ति, और साथ ही उनके परामर्श को मानने की परिषद की बाध्यता ज्यों-की-त्यों बनी रही। इससे पुनः यह स्पष्ट होता है कि अंग्रेजों की नीति का सार अन्ततः जम्मू-कश्मीर राज्य पर अपनी पकड़ को सुदृढ़ करना था, या और अधिक स्पष्ट शब्दों में कहा जाए, तो उस पर अपना पूर्ण अधिकार रखना था। और जैसा कि स्पष्ट है, अपनी 'फूट डालो-राज्य करो' की नीति का अंग्रेजों ने कश्मीर में खुला प्रयोग किया। वहाँ हिन्दुओं और मुसलमानों के मध्य साम्प्रदायिकता की दीवार खड़ी करके ही नहीं, अपितु शासक के विरुद्ध उसके ही भाइयों को प्रयुक्त करके अंग्रेजों ने अपनी राणनीति को कार्यान्वित किया; सत्ता पर अपनी पकड़ मजबूत बनाई।

यहाँ यह बात भी उल्लेखनीय है कि 'अमृतसर की सन्धि' के मूलाभिलेख की शर्तों से, जिनके अनुसार कश्मीर घाटी का डोगराओं को हस्तान्तरण किया था, अंग्रेज पीछे हटते गए। सामरिक दृष्टि से अति महत्त्वपूर्ण क्षेत्रों जैसे कि गिलगित[5] पर भी, जिसे महाराजा गुलाब सिंह ने सत्ता के हस्तान्तरणोपरान्त अपने राज्य में मिलाया था, अंग्रेजों ने अपनी पकड़ सुदृढ़ कर ली; उन क्षेत्रों की निगरानी अब ब्रिटिश अधिकारियों के अधिकार में थी।

डोगरा शासकों, विशेष करके प्रताप सिंह से, जो अपने पूर्ववर्तियों से अधिक लोकप्रिय थे और साथ ही जिन्होंने रूसी राज्य से सम्पर्क करने का प्रयास किया था, अंग्रेज शंकाग्रस्त थे। इसीलिए ब्रिटिश साम्राज्यवाद के प्रति शासक की वफादारी को एक ओर सुनिश्चित करने का जहाँ अंग्रेजों का प्रयास रहा, वहीं निरन्तर शासक को दुर्बल करने और उसकी अधिकाधिक निर्भरता अपने ऊपर करने के प्रयास भी उन्होंने किए। इसी कड़ी में वायसराय कर्जन (1905) के समय में कश्मीर राज्य की संचालन परिषद को भंग कर दिया गया। यद्यपि शासक को इसी के साथ कुछ शक्तियाँ वापस की गईं, लेकिन अमर सिंह प्रधानमंत्री के साथ-साथ राज्य के सैन्य बलों के प्रमुख सेनापति भी रहे। निश्चित रूप से यह कार्य शासक को और दुर्बल करने और अंग्रेजों के हितों को उनके एक विश्वसनीय व्यक्ति के माध्यम से पूर्ण करने का था। इसे विडम्बना कहें या कुछ और कि वह व्यक्ति स्वयं शासक का छोटा भाई ही था।

प्रताप सिंह के शासनकाल के बाद के सभी वर्षों में ब्रिटिश रेंजिडंट की शक्तियों में वृद्धि, प्रशासनिक कार्यों सहित राज्य के दूसरे सभी कार्यों में उसका हस्तक्षेप और शासक की अन्ततः ब्रिटिश परामर्श को स्वीकारने की विवशता दिखाई देती है। सत्ता में रहना हो, तो शासक क्या करे, सिवाए यह कहने के, "बाल्यकाल से ही मेरे शोकाकुल स्वर्गीय पिता ने मुझे निरन्तर यही सिखाया कि यदि आवश्यकता पड़े, तो मैं सम्राट की वफादारी में ही अपना जीवन बिता दूँ।"

अंग्रेजों के जम्मू-कश्मीर राज्य के मामलों में बढ़े प्रभाव, उनके स्थापित होते एकाधिकार और शासक के घटते अधिकारों तथा विवशता का अनुमान इससे भी लगाया जा सकता है कि प्रताप सिंह, जो पुत्र-

विहीन थे, अपनी इच्छा के अनुसार अपना उत्तराधिकारी भी नियुक्त नहीं कर सके थे। अंग्रेजों ने प्रताप सिंह की इच्छा के विरुद्ध 1915 में अमर सिंह के पुत्र हरि सिंह हो उनका उत्तराधिकारी माना, न कि शासक द्वारा गोद लिए एक लड़के को।

लार्ड कर्जन के वायसराय बनने के समय से ब्रिटिश सरकार की नीति विभिन्न संस्थाओं पर पूर्व से और अधिक कड़ा नियंत्रण करने की हो गई थी। इसके अन्तर्गत न केवल सामाजिक, सांस्कृतिक, शैक्षणिक व आर्थिक क्षेत्रों से जुड़ी संस्थाएँ आती थीं, अपितु राजनीतिक संस्थाएँ, विशेष रूप से उन राज्यों में, जहाँ शासक थे, भी आती थीं। एक ओर यदि अंग्रेज सरकार ने भारत के समस्त विश्वविद्यालयों के सम्पूर्ण क्रिया-कलापों को औपनिवेशिक अधिकारियों के नियंत्रण में कर दिया, तो दूसरी ओर उसने भारत के उद्योगपतियों के कार्यों में भी बाधाएँ डालने का कार्य किया। कर्जन के कार्यकाल (1899-1905) के दौरान एक विशेष कानून के माध्यम से (1903 में) भारत की प्राकृतिक सम्पदा का पुनः सर्वेक्षण व उपयोग करने के लिए भारतीयों की अपेक्षा ब्रिटिशों को अधिकाधिक छूट दी गई। इसी कड़ी में राज्यों के शासकों की शक्तियों को कम करके, कहीं-कहीं उन्हें नाममात्र का ही बना देने, और अपनी सत्ता को पूर्व से अधिक सुदृढ़ करने, ताकि विभिन्न रूपों में ब्रिटिश हितों का संरक्षण हो सके और साम्राज्य को अन्ततः शक्ति प्राप्त हो, की उनकी रणनीति को भी देखा जा सकता है। अन्तर्राष्ट्रीय धरातल पर उभरते संकेतों को भी, जो बीसवीं शताब्दी के पूर्वार्ध में गम्भीर परिणामों के साथ सामने आए, ब्रिटिश रणनीति से जोड़कर देखा जा सकता है, जिसका जम्मू-कश्मीर राज्य भी एक भाग था। कश्मीर के साथ अंग्रेजों के सम्बन्ध भी उसी के अनुरूप थे।

सन्दर्भः

1. *वास्तव में रैंजिडंट केन्द्रीय सत्ता के प्रतिनिधि हुआ करते थे और राज्य के शासन में अपना दबदबा रखते थे।*

2. *कश्मीर के अतिरिक्त इन्दौर, ग्वालियर और जयपुर के तत्कालीन शासकों ने भी क्रमशः 1867, 1879 और 1880 में रूसी प्रशासन से सम्पर्क करने का प्रयास किया था।*

3. *जो जारशाही थी, और उसकी यह नीति थी कि वह ब्रिटिश उपनिवेशों के आन्तरिक विषयों में हस्तक्षेप नहीं करेगी।*

4. *जिससे हतोत्साहित होकर महाराजा प्रताप सिंह ने स्वयं सत्ता से हट जाने तक की बात की थी। यही नहीं, राजपरिवार में इसी कारण आपसी रंजिश भी दिनों-दिन बढ़ रही थी।*

5. *जहाँ 1889 में एक एजेन्सी स्थापित की गई थी और उसे आस-पास के अनेक क्षेत्रों के साथ ही पूर्णतः ब्रिटिश रैंजिडंट के अन्तर्गत लाया गया था।*

****

अध्याय : सात

महाराजा हरि सिंह का राज्य/ शेख अब्दुल्ला का उदय

महाराजा प्रताप सिंह के निधनोपरान्त उनके भतीजे हरि सिंह वर्ष 1925 ईस्वी में डोगरा राजवंश के चतुर्थ एवं अन्तिम शासक के रूप में जम्मू-कश्मीर की गद्दी पर आए। 26 अक्टूबर, 1947 को लिखित एक ऐतिहासिक पत्र, (जिसके प्रमुख अंश निम्नलिखित हैं), के साथ अन्ततः विवश होकर महाराजा हरि सिंह ने जम्मू-कश्मीर राज्य के भारत-संघ में विलय-प्रपत्र पर हस्ताक्षर करके उसे तत्कालीन गवर्नर-जनरल लार्ड माउन्टबेटन को स्वीकृति के लिए भेजाः

"परमश्रेष्ठ यह जानते ही हैं कि जम्मू-कश्मीर राज्य भारत अथवा पाकिस्तान में से किसी भी उपनिवेश के साथ नहीं जुड़ा है। भौगोलिक दृष्टि से मेरा राज्य इन दोनों ही (उपनिवेशों) से जुड़ा है। इसके अतिरिक्त मेरे राज्य की सोवियत संघ और चीन के साथ समान सीमा है। भारत और पाकिस्तान—दोनों—बाह्य सम्बन्धों में इस सत्यता की उपेक्षा नहीं कर सकते हैं। मैं किस उपनिवेशक के साथ जुड़ूँ, यह निर्णय करने के लिए मैं कुछ समय लेना चाहता था; अथवा मैं विचार करने को तत्पर रहा कि क्या दोनों में से किसी भी उपनिवेश के साथ न जुड़कर मैं स्वतंत्र रहूँ, ताकि दोनों ही उपनिवेशों के साथ मेरे मैत्रीपूर्ण और सामंजस्यपूर्ण सम्बन्ध बने रहें? इसी तारतम्य में मैंने भारत और पाकिस्तान-दोनों-से यह अनुरोध किया कि वे मेरे राज्य के साथ यथावत् स्थिति का समझौता कर लें। पाकिस्तान की सरकार ने इस व्यवस्था को स्वीकार कर लिया, जबकि

भारत ने मेरी सरकार के प्रतिनिधियों के साथ इस प्रश्न पर अधिक चर्चा करनी चाही। मैं आगे वर्णित घटनाक्रम के चलते इसकी व्यवस्था नहीं कर सका।

"वास्तव में पाकिस्तान की सरकार यथावत् स्थिति के समझौते के अन्तर्गत राज्य में डाक-तार व्यवस्था का संचालन कर रही है। यद्यपि पाकिस्तान-सरकार के साथ हमने यथावत् स्थिति का समझौता किया है, लेकिन तब भी उस सरकार ने अपने यहाँ से मेरे राज्य में आने वाली वस्तुओं-अन्न, नमक और पैट्रोल आदि-को अधिकारिक रूप से रोकने का आदेश अपने अधिकारियों को दिया है। (और) अफ्रीदियों, नागरिक वेषभूषा में अपने सैनिकों और आततायिओं को आधुनिक शस्त्रों के साथ राज्य के भीतर घुसने दिया गया है—सर्वप्रथम पुंछ क्षेत्र में, उपरान्त सियालकोट और रामकोट की ओर से भारी मात्रा में हजारा जनपद से जुड़े राज्य के क्षेत्र में। परिणामस्वरूप राज्य के पास जो सीमित संख्या में सेना थी, उसे अनेक मोर्चों पर भेजना पड़ा है, जिसे अनेक स्थानों पर एक साथ शत्रुओं से जूझना पड़ा है; जन-धन की हानि को, तो भी, रोक पाना कठिन हो गया है।

"श्रीनगर को विद्युत की आपूर्ति करने वाले 'महूरा विद्युत गृह' को लूट लिया गया है; उसे जला दिया गया है। भारी मात्रा में स्त्रियों के अपहरण व उनके साथ हुए बलात्कार ने मेरे हृदय को विदीर्ण कर दिया है। इस प्रकार जिन जंगली शक्तियों की पाकिस्तान ने राज्य में घुसपैठ कराई है, उनका प्रथम उद्देश्य मेरे राज्य की ग्रीष्मकालीन राजधानी श्रीनगर पर अधिकार करके समस्त राज्य को रौंदने का है; उसे तहस-नहस करने के अभिप्राय से ही वे आगे बढ़ रही हैं। उत्तर-पश्चिमी सीमा-प्रान्त के दूर-दराज क्षेत्रों से आए हुए कबायलियों, जो अद्यतन शस्त्रों से सुसज्जित मनशेरा-मुजफ्फराबाद मार्ग का उपयोग करते हुए, निरन्तर ट्रकों

द्वारा आ रहे हैं, उनकी सामूहिक घुसपैठ सीमा-प्रान्त की राज्य सरकार और पाकिस्तान सरकार की सूचना के बिना हो ही नहीं सकती।

"मेरी सरकार ने इन दोनों सरकारों से बारम्बार अनुरोध किया है, लेकिन इन आक्रमणकारियों को रोकने या मेरे राज्य में घुसपैठ न हो, इस हेतु कोई प्रयत्न नहीं किया गया है। वास्तविकता यह है कि पाकिस्तान-रेडियो और समाचारपत्रों ने इन घटनाओं के समाचार दिए हैं। पाकिस्तान-रेडियो ने तो यह बात भी प्रकट की है कि कश्मीर में एक अस्थायी सरकार स्थापित कर दी गई है। मेरे राज्य की जनता ने, जिसमें मुसलमान और हिन्दू-दोनों-हैं, सामान्यतः इस गड़बड़ी में कोई भाग नहीं लिया है।

"अपने राज्य की वर्तमान परिस्थितियों को देखते हुए और घोर संकट पर दृष्टिपात करने के उपरान्त मेरे पास भारतीय उपनिवेश से सहायता माँगने के अतिरिक्त अन्य कोई विकल्प नहीं रह गया है। स्वाभाविक है कि जब तक मेरा राज्य भारतीय उपनिवेश के साथ जुड़ नहीं जाता, मेरी माँगी गई सहायता भारत नहीं भेज सकता है। इसलिए मैंने भारत के साथ जुड़ने का निर्णय लिया है और मैं इस पत्र के साथ आपकी सरकार की स्वीकृति के उद्देश्य से सम्मिलन का एक अभिलेख भेज रहा हूँ।"[1]

अपने उक्त पत्र में महाराजा हरि सिंह ने आततायिओं से अपने राज्य की सुरक्षा और मुक्ति की विनती भी गवर्नर-जनरल से की, जिसके उत्तर में लार्ड माउन्टबेटन ने 27 अक्टूबर, 1947 को हरि सिंह को सूचित करते हुए लिखाः

"आपने ... जिन परिस्थितियों का उल्लेख किया है, उन्हें देखते हुए मेरी सरकार ने भारतीय उपनिवेश के साथ कश्मीर राज्य के सम्मिलन को स्वीकार करने का निर्णय लिया है।"

लार्ड माउन्टबेटन ने यह भी सूचित किया:

"इस बीच सैनिक सहायता के आपके अनुरोध के प्रत्युत्तर में सेना की टुकड़ियों को कश्मीर भेजने की कार्यवाही प्रारम्भ कर दी गई है, ताकि वे आपके राज्य की रक्षा, जन-धन की सुरक्षा और प्रजा के सम्मान में आपकी सेना की सहायता कर सकें।"

इस प्रकार 1925 से अक्टूबर, 1947 तक, अर्थात 22 वर्ष तक हरि सिंह विधिवत् कश्मीर राज्य के शासक रहे। राज्य के भारत-संघ में विलय के बाद विधिवत् रूप से तो वह हिन्दुस्तान का भाग बन गया, लेकिन तब से लेकर आज तक वह भारत व पाकिस्तान के मध्य सम्बन्धों के बनने-बिगड़ने का कारण रहा है। दूसरे, आज जो स्थिति वहाँ है, उसकी जड़ें भी, न्यूनाधिक, उसी काल तक जाती हैं, यद्यपि साम्प्रदायिक सौहार्द के लिए कश्मीर घाटी में लम्बे समय तक, विशेष करके भारतीय स्वतंत्रता से लेकर 20वीं शताब्दी के आठवें दशक तक, कोई गम्भीर खतरा उत्पन्न नहीं हुआ। हम 1947 के बाद के राज्य के घटनाक्रम की चर्चा करें, उससे पूर्व आवश्यक है कि महाराजा हरि सिंह के शासनकाल का विभिन्न दृष्टिकोणों से विश्लेषण करें; राज्य के भारतीय संघ में उनके द्वारा विवशता के चलते किए गए विलय से जुड़े बिन्दुओं को जाँचें। साथ ही, हरि सिंह के शासनकाल के दौरान लोकप्रिय नेता के रूप में उभरे तथा बाद में राज्य के प्रधानमंत्री व मुख्यमंत्री रहे शेख अब्दुल्ला की गतिविधियों व राज्य के सामाजिक-राजनीतिक क्षेत्रों में रही उनकी भूमिका का विश्लेषण भी करें।

II

महाराजा हरि सिंह अपने शासन के प्रारम्भिक दिनों में ही अपने पूर्ववर्ती महाराजा प्रताप सिंह से अधिक प्रभावशाली सिद्ध हुए, यह तो

भी विडम्बना ही कही जाएगी कि वे, जाने-अनजाने, वास्तविकता से न जाने क्यों दूर चले जाते थे? और, जैसा कि स्वाधीनता के द्वार पर खड़े भारत के साथ देशी-राज्यों, विशेषतः कश्मीर राज्य से जुड़े घटनाक्रम से स्पष्ट है, वे असामंजस्य की स्थिति में रहते थे। हरि सिंह ने अपने राज्य के प्रभाव को बढ़ाने के उद्देश्य से साम्राज्यवादी सरकार से अनेक सुविधाएँ प्राप्त कीं, कई अधिकार स्थापित किए। विशेष रूप से आपराधिक और नागरिक (दीवानी) विषयों से सम्बन्धित न्यायाधिकार-सम्बन्धी सुविधा को अपने पक्ष में प्राप्त किया; रेंजिडंट की शक्तियों में इससे निश्चित ही कमी आई थी।

हरि सिंह ने 1927 में राज्य के मूल निवासियों के ही सरकारी नौकरियों में नियुक्त होने से सम्बन्धित एक आदेश जारी किया; स्थानीय उत्पादों को बढ़ावा देने के निर्देश दिए। उन्होंने राज्य के हथकरघा, विशेष करके शाल उद्योग के बारे में और सामान्य कृषि के विकास हेतु कदम उठाने के लिए सम्बन्धित अधिकारियों से कहा। यही नहीं, हरि सिंह ने भवन-निर्माण सहित दूसरे उद्‌देश्यों के लिए भी भूमि के हस्तान्तरण को राज्यवासियों के लिए ही सीमित करने का उसी वर्ष, अर्थात 1927 में आदेश दिया। लेकिन यह भी सत्यता थी कि राज्य के जमींदार व भूपति अधिकांशतः हिन्दू ही थे, जब कि किसान अधिकतर मुसलमान थे। तब भी, यह स्पष्ट है कि हरि सिंह ने अपने राज्य की पृथक पहचान और उसकी स्वायत्तता हेतु कुछ कदम उठाए। ऐसा उन्होंने अंग्रेजों से सुविधाएँ प्राप्त करके भी किया। वे इस रूप में कोई दब्बू, हर बात में आज्ञाकारी या चाटुकारिता करने वाले शासक नहीं थे, वे कट्टर कश्मीरी भी थे।

प्रशासनिक दृष्टि से भी हरि सिंह के शासन को पूर्व से कहीं अधिक अच्छा माना जा सकता है। उनके शासन के प्रारम्भिक दिनों में

ब्रिटिश राजनीतिक विभाग से चयनित अधिकारी उनकी सेवा में थे; तदोपरान्त भारत के अग्रणीय प्रशासनिक अधिकारियों जैसे कि एन० गोपालास्वामी आयंगर, बी०एन० राव और महाराज सिंह के दिशा-निर्देशन में जम्मू-कश्मीर का राजकाज चलता था। और, जैसा कि मैंने पहले ही कहा है, वे पूर्ववर्तियों से भिन्न थे; कठिन परिश्रम करने के साथ ही जनता की आवश्यकताओं और उसके विकास पर उनकी दृष्टि थी। इस सन्दर्भ में अनेक कदम उठाने के साथ-साथ महाराजा हरि सिंह ने 'कश्मीरियत' की बात भी की थी।

लेकिन अनिर्णय का शिकार रहना, वस्तु-स्थिति से जाने-अनजाने में विमुख हो जाना और असामंजस्य में रहना, कदाचित्, उनके स्वभाव में ही था। यही कारण है कि वे बहुत अन्त तक अपने राज्य में उत्तरदायी शासन की स्थापना के विरुद्ध रहे थे। यद्यपि भारत के कई दूसरे राज्यों के शासकों की स्थिति भी ऐसी ही रही थी, लेकिन जो गम्भीर खतरा इस सन्दर्भ में, अर्थात कुछ ठोस कदम न उठाने की स्थिति में, कश्मीर राज्य को था, उसे हरि सिंह को जान लेना चाहिए था। स्पष्ट रूप से कहूँ, तो उन्हें एक ऐसे राज्य के शासक के रूप में, जहाँ की जनसंख्या का बहुमत दूसरे धर्मावलम्बियों का था और जो तुलनात्मक रूप से बहुत गरीब तथा निम्न सामाजिक स्तर वाले थे, तत्काल ही समय की माँग व आवश्यकता के अनुसार उनके विकास हेतु कदम उठाने चाहिएँ थे। उन्हें सत्यता को समझना चाहिए था कि "कोई भी शक्तिशाली शासक अपनी प्रजा, वह किसी भी धर्म-सम्प्रदाय से जुड़ी हुई क्यों न हो, के सहयोग और उसके विश्वास के बिना सदा ही नहीं बना रह सकता। शासन के संचालन के लिए शासितों का सहयोग अपरिहार्य होता है।" भारत का जिस तरह ब्रिटिश साम्राज्य की दासता के चलते भी विभिन्न क्षेत्रों में, और विशेष

रूप से आधुनिक युग की विज्ञान की उन्नति के साथ विकास हुआ, उसकी तुलना में कश्मीर तो बहुत पीछे रहा। अनेक दूसरे देशी-राज्य भी कश्मीर से इस सन्दर्भ में आगे रहे। राजनीतिक दृष्टि से बीसवीं शताब्दी के चतुर्थ दशक से अंग्रेजों ने शनैः-शनैः शासन के उदारीकरण का जो कार्य प्रारम्भ किया, वह जम्मू-कश्मीर में देखने को कहाँ मिला? राज्य का शासन कुशल व सक्षम था, जैसा कि मैंने कहा है, लेकिन वह उन कुशल प्रशासनिक अधिकारियों के अन्तर्गत था, जो एक निरंकुश शासक की सेवा में थे।

राज्य के मुसलमानों, जो कुल जनसंख्या का एक बड़ा भाग थे और उनमें से अधिकांश पिछड़े हुए थे, गरीब थे, उनकी राज्य-शासन में क्या भूमिका थी? कुछ भी नहीं। राज्य सरकार की नौकरियों में वे कितने थे? बहुत ही कम। ऐसे में यह स्वाभाविक ही था कि दीन और शोचनीय स्थिति वाले मुसलमानों की ओर से आवाज़ आती ही। और ऐसा हुआ भी, जब 1932 में लोकप्रिय नेता के रूप में उभरे शेख मुहम्मद अब्दुल्ला ने उसी वर्ष गठित की गई अखिल जम्मू और कश्मीर मुस्लिम कॉंफ्रेंस के झण्डे तले उत्तरदायी शासन की माँग के साथ राज्य में आन्दोलन प्रारम्भ कर दिया।

कश्मीर के सम्बन्ध में इसे सुखद बात ही माना जा सकता है कि भले ही शेख अब्दुल्ला का आन्दोलन अखिल जम्मू और कश्मीर मुस्लिम कॉंफ्रेंस के झण्डे तले प्रारम्भ हुआ हो, या उनसे पहले भी कश्मीरियों ने शासक व भारत सरकार के समक्ष केवल मुसलमानों के पक्ष में कुछ प्रत्यावेदन किए हों, लेकिन राज्य के हिन्दुओं व मुसलमानों के मध्य धार्मिक दृष्टि से कोई वैमनस्य नहीं था। यह भी सुखद घटना थी कि पिछड़े, हीन और विवश मुसलमानों के पक्ष में हिन्दु व सिक्ख धर्म-सम्प्रदायों के अनेक अग्रणीजन भी आगे आए थे। जहाँ एक ओर घाटी

के एक प्रमुख वुद्धिजीवी प्रेमनाथ बजाज ने मुसलमानों के पक्ष में आवाज़ उठाई, वहीं महात्मा बुद्ध सिंह, जो एक सिक्ख थे, ने 1925 में किसान दल का गठन किया। बुद्ध सिंह कश्मीर में उपायुक्त पद पर थे और उन्होंने अपनी नौकरी से त्यागपत्र देकर किसानों, निश्चित रूप से जो अधिकांशतः मुसलमान ही थे, के लिए कार्य प्रारम्भ किया। किसान दल 'उत्तरदायी शासन' एवं, 'भूमि जोतने वाले की ही', जैसी माँगों का प्रबल समर्थक रहा था। इससे राज्य के धार्मिक सद्भाव एवं वहाँ की धर्मनिर्पेक्ष राजनीति को भारी बल मिला था।

वैसे राष्ट्रीय मुक्ति आन्दोलन, जिसका नेतृत्व महात्मा गाँधी और उनके नेतृत्व में दर्जनभर नेताओं का एक कुशल व अनुभवी दल कर रहा था, का प्रभाव भी कश्मीरियों पर, न्यूनाधिक, पड़ा था। विपरीत इसके, मुस्लिम लीग का प्रभाव कश्मीरी मुसलमानों पर बहुत कम था। कश्मीरियों की उत्तरदायी शासन की माँग और राज्य के मुसलमानों के विकास के लिए जारी आन्दोलन पर मुस्लिम लीग की छाप नहीं पड़ी थी। विपरीत इसके, बाद के समय में अखिल भारतीय देशी-राज्य प्रजा-परिषद, जिसकी स्थापना यद्यपि एक पृथक संस्था के रूप में की गई थी, लेकिन वह सदैव ही भारतीय राष्ट्रीय काँग्रेस का एक अंग मानी जाती थी, का आशातीत समर्थन कश्मीरियों को मिला था। जैसा कि विदित है, अखिल भारतीय देशी-राज्य प्रजा-परिषद देशी-राज्यों के प्रशासन को लोकतांत्रिक बनाने के उद्देश्य से अस्तित्व में आई थी; उसने पूरे देश के देशी-राज्यों में अपनी शाखाएँ स्थापित कीं, जो शासन के लोकतंत्रीकरण के लिए जनान्दोलन संचालित करती थी। उनके कार्यों में काँग्रेस यथासम्भव सहयोग करती थी। साथ ही प्रजा-परिषद और उसकी शाखाओं का मार्गदर्शन काँग्रेस के अग्रणीजन, विशेषरूप से सरदार पटेल और पण्डित नेहरू भी करते थे।

उक्त विवरण से भी जम्मू-कश्मीर के अधिकतर लोगों में साम्प्रदायिक दृष्टिकोण से संघर्ष करने, या दूसरे शब्दों में इसे आधार बनाकर आन्दोलन छेड़ने की मनोवृत्ति प्रायः नहीं रही थी, जो बहुत अच्छी बात मानी जा सकती थी।[2]

III

शेख अब्दुल्ला द्वारा 1932 में मुस्लिम कॉंफ्रेंस के झण्डे तले संघर्ष प्रारम्भ करने से पूर्व 1930-31 में भी मुसलमान आन्दोलन करते हुए सड़कों पर निकले थे। अब्दुल्ला स्वयं उन आन्दोलनकारियों में से एक थे। अब्दुल्ला का उन दिनों कश्मीर के मुसलमानों के एक वर्ग, जिसका नेतृत्व मीरवायज मुहम्मद यूसुफ कर रहे थे, से मतभेद था। मतभेद का कारण आन्दोलन की दिशा व उसके निर्देशन को लेकर था। अब्दुल्ला जहाँ आन्दोलन को धार्मिक स्वरूप प्रदान करने के पक्ष में नहीं थे, वहीं मीरवायज उसके इस्लामीकरण के पक्षधर थे।

1930-31 के आन्दोलन के परिणामस्वरूप महाराजा हरि सिंह ने नवम्बर, 1931 में बी०जी० ग्लैंसी की अध्यक्षता में एक आयोग की नियुक्ति की[3], जो जनता, विशेषकर राज्य के मुसलमानों की दशा के सम्बन्ध में अपनी आख्या दे सके। आयोग ने आख्या दी; वास्तव में जनता के दुखों की बात सामने आई। वह आनी भी थी। आख्या को दृष्टिगत रखते हुए ही कुछ समयोपरान्त हरि सिंह ने राज्य में संवैधानिक सुधारों के लिए, या दूसरे शब्दों में संघर्ष के चलते शासन को उदार बनाने के उद्देश्य से ग्लैंसी के ही नेतृत्व में एक परिषद गठित कर सुझाव माँगे[4] और उपरान्त सुझावों के अनुसार ही निम्नलिखित दो महत्त्वपूर्ण कदम उठाने की घोषणा कीः

(क) मुस्लिम सम्प्रदाय के शिक्षित नौजवानों को सेवाओं में लिया जाना; और

(ख) प्रजासभा (विधान सभा) का सीमित मताधिकार के आधार पर गठन किया जाना।

उक्त दोनों घोषणाओं को अपनी माँगों में प्रमुख बनाकर मुस्लिम कॉफ्रेंस ने 1932 के उत्तरार्ध में अब्दुल्ला के नेतृत्व में अपने संघर्ष को आगे बढ़ाया था। उपरान्त दिनों-दिन राज्य का राजनीतिक वातावरण, विभिन्न घटनाक्रमों के मध्य, परिवर्तित हुआ; उसमें अनेक उतार-चढ़ाव आए। कश्मीर राष्ट्रीय राजनीति का एक बिन्दु बना। वह हिन्दुओं की ओर से 'रोटी-आन्दोलन' का केन्द्र भी बना था, क्योंकि वहाँ के हिन्दुओं, विशेषकर घाटी के पण्डितों को अपने अस्तित्व की सुरक्षा की चिन्ता हुई थी। ग्लैंसी आयोग के सुझावों के अनुरूप मुसलमान नवयुवकों को सेना में लिए जाने से उन्हें अपने भविष्य की असुरक्षा का अनुमान लगा था। ऐसा होना स्वाभाविक था, क्योंकि कश्मीरी पण्डित राजसत्ता का भाग थे। वे अपनी सेवाओं की निश्चित सुरक्षा व प्रत्याभूति चाहते थे। इस इच्छा की पूर्ति के उद्देश्य से उन्होंने 'कश्मीर, कश्मीरियों के लिए' जैसा नारा भी दिया था।

सन्दर्भः

1. *सम्मिलन-सम्बन्धी अभिलेख के लिए देखिए परिशिष्ट संख्या दो।*
2. *स्वयं शेख अब्दुल्ला ने 1932 में घोषणा की थी कि उनके आन्दोलन का साम्प्रदायिकता से कुछ भी लेना देना नहीं है, न ही वह किसी एक धर्म-सम्प्रदाय से ही सम्बद्ध है; इसका उद्देश्य राज्य में उत्तरदायी शासन लाने और बिना भेदभाव के सभी के कष्टों का निवारण करना है।*
3. *ग्लैंसी भारत सरकार के राजनीतिक विभाग के एक सुलझे हुए अधिकारी थे।*
4. *परिषद में ग्लैंसी के अतिरिक्त चार और सदस्य भी सम्मिलित थे। उनमें दो मुसलमान-गुलाम अहमद व गुलाम अब्बास-तथा दो हिन्दू-प्रेमनाथ बजाज व लोकनाथ शर्मा-थे।*

*****

अध्याय : आठ

अब्दुल्ला के नेतृत्व में प्रारम्भिक आन्दोलन

अखिल जम्मू और कश्मीर मुस्लिम कॉंफ्रेंस के गठनोपरान्त शेख अब्दुल्ला के नेतृत्व में[1] राज्य में शासन के उदारीकरण और मुसलमानों के हितों को प्राप्त करने के उद्‌देश्य से छेड़े गए आन्दोलन में एक नया मोड़ आया। यद्यपि मुस्लिम कॉंफ्रेंस के ध्वज तले उक्त आन्दोलन के बारे में जो प्रतिक्रिया देशभर से, विशेष करके हिन्दुओं की ओर से हुई, वह ठीक नहीं थी, क्योंकि आन्दोलन का समय ही कुछ ऐसा था, लेकिन अब्दुल्ला ने पुनः उसे साम्प्रदायिकता के चश्मे से न देखने का आह्वान किया। वर्ष 1934 में, इसी कड़ी में, जब ग्लैंसी आयोग की संस्तुतियों को शीघ्र-से-शीघ्र लागू करने के उद्‌देश्य से, तथा साथ ही राज्य में संयुक्त निर्वाचन व्यवस्था की माँग को लेकर महाराजा को ज्ञापन दिया गया, तो उस समय शेख अब्दुल्ला ने पुनः कहा था:

"हम सभी (राज्य के निवासियों) को संक्रीर्ण साम्प्रदायिकता से ऊपर आकर संयुक्त रूप में राज्य के आमजन के कल्याणार्थ कार्य करना है।" उन्होंने विशेष रूप से हिन्दुओं का आह्वान करते हुए कहा:

"हिन्दू भाइयों से मेरा अनुरोध है कि वे व्यर्थ के भय और शंका को छोड़ दें। मैं विश्वास दिलाता हूँ कि मुसलमान भाइयों के साथ आने पर उनके अधिकारों का कोई अतिक्रमण नहीं होगा।"

लेकिन अब्दुल्ला के आश्वासन के बाद भी घाटी के हिन्दू सामान्यतः उनके आन्दोलन के साथ नहीं जुड़े थे। देश भर में कश्मीर के घटनाक्रम की चर्चा हुई; उन्हीं दिनों कुछ साम्प्रदायिक संघर्षों की घटनाओं से राज्य में सौहार्द के आपसी वातावरण पर आँच भी आई। उन घटनाओं से, तो भी, इस परिप्रेक्ष्य में देश का सामाजिक-राजनीतिक वातावरण भी, न्यूनाधिक, प्रभावित हुआ, क्योंकि हिन्दू-मुस्लिम सम्बन्ध उससे अछूते नहीं रहे थे।

यदि निष्पक्षता और वास्तविकता को ध्यान में रखकर उस घटनाक्रम का विश्लेषण किया जाए, तो घाटी के मुसलमानों को हम हतोत्साहित ही पाएँगे। विशेष रूप से ग्लैंसी आयोग की नियुक्ति और फिर उसके द्वारा सुझाएँ गए उपायों से, जिन्हें महाराजा हरि सिंह ने लागू नहीं किया था, हताशा को और बल मिला था। मुसलमान अपनी माँगों के बारे में सही भी थे, लेकिन एक ऐसे राजनीतिक संगठन, जिसे सैद्धान्तिक रूप से एक धर्म-सम्प्रदाय विशेष के हितों की प्राप्ति को केन्द्र में रखकर गठित किया गया हो[2], के प्रति अन्य धर्म-सम्प्रदायों की दृष्टि सदैव शंका से भरी हुई ही होगी। और यदि नेतृत्व सचेत न रहे, तो ऐसे राजनीतिक संगठन अपने उद्देश्यों के विपरीत जाकर कभी-कभी ऐसी बड़ी हानि का कारण बन जाते हैं, जिसकी पूर्ति कभी नहीं हो सकती। 1905 में ढाका में गठित मुस्लिम लीग का उदाहरण अभी भी सजीव रूप से हमारे समक्ष है ही। इसलिए यदि कश्मीर के हिन्दुओं ने, या भारत के बहुसंख्यक वर्ग ने, अखिल जम्मू और कश्मीर मुस्लिम काँफ्रेंस के प्रति तीखी प्रतिक्रिया व्यक्त की हो, या कहीं-कहीं राज्य के हिन्दुओं ने उसका विरोध भी किया हो, तो उसमें विशेष आश्चर्य की कोई बात तो थी ही नहीं। स्वयं शेख अब्दुल्ला व उनके कुछ साथियों ने, प्रतीत होता है कि उक्त वास्तविकता

को समझा था, लेकिन कुछ वर्षों के बाद ही उस समय, जब उन्होंने मुस्लिम कॉँफ्रेंस के साम्प्रदायिक स्वरूप व उसके नाम में परिवर्तन के लिए कदम उठाया था।

1936 से 1939 के पूर्वार्ध तक जम्मू-कश्मीर मुस्लिम कॉँफ्रेंस का आन्दोलन तनिक ढीला रहा। इससे पूर्व 1936 में जब शेख अब्दुल्ला ने राज्य की जनता से वर्ष की 'आठवीं मई' को 'उत्तरदायी शासन-दिवस' के रूप में मनाने को कहा, उस समय तक मुस्लिम कॉँफ्रेंस दो फाड़ हो चुकी थी, क्योंकि मीरवायज मुहम्मद यूसुफ शाह, जो संघर्ष के पूर्णतः इस्लामीकरण के पक्ष में थे, नए दल आजाद मुस्लिम कॉँफ्रेंस का गठन कर चुके थे। उस वर्ष, अर्थात 1936 में मुस्लिम कॉँफ्रेंस के अध्यक्ष के रूप में शेख अब्दुल्ला ने महाराजा हरि सिंह के शासकीय अत्याचारों का डटकर मुकाबला करने तथा उनकी सत्ता को उत्तर दिए जाने का जनता का आह्वान भी किया था।

इस बात में कोई सन्देह नहीं था कि शेख अब्दुल्ला का जम्मू-कश्मीर के राजनीतिक मंच पर उदय, भले ही धार्मिक भावनाओं को अपने कार्यक्रम में प्रयुक्तकर्ता संगठन के झण्डे के नीचे आन्दोलन करने के साथ भी, राज्य के घटनाक्रम में महत्त्वपूर्ण था। जहाँ तक भारतीय राष्ट्रीय कॉँग्रेस का प्रश्न था, वह जम्मू-कश्मीर राज्य की जनता के प्रति पूर्ण सहानुभूति रखती थी; जिस तरह वह अन्य देशी-राज्यों के शासकों से अपनी जनता के लिए उत्तरदायी शासन की अपेक्षा रखती थी तथा इस कार्य में जनता को नैतिक समर्थन सहित दूसरे रूपों में समर्थन दे रही थी, उसी प्रकार जम्मू-कश्मीर राज्य के लोगों के लिए भी कॉँग्रेस की वहाँ के शासक से अपेक्षा थी। न केवल 1938 के हरिपुरा कॉँग्रेस अधिवेशन ही,

अपितु 1939 के प्रारम्भ में हुए त्रिपुरी अधिवेशन में भी इस सन्दर्भ में स्पष्टता की गई थी। उसके अनुसार, "देशी-राज्यों की जनता की उत्तरदायी शासन के लिए लड़ी जाने वाली लड़ाई में काँग्रेसीजन समर्थन देने के साथ ही वहाँ के लोगों की सहायता करने को आगे भी आएँ।"

कश्मीर के लोगों को, विशेषतः शेख अब्दुल्ला के उदय के कुछ वर्षोपरान्त, भारतीय राष्ट्रीय काँग्रेस का सामान्यतः और उसके कुछ अग्रणीय नेताओं का विशेष रूप से सक्रिय समर्थन मिला। अब्दुल्ला के संघर्ष के समर्थन में और राज्य के शासक व अधिकारियों के कृत्यों के विरोध में कई नेता खुलकर सामने आए थे।

सन्दर्भः

1. *वह इसलिए, क्योंकि अब मुसलमानों में संगठित न हो पाने जैसी पुरानी स्थिति नहीं रही थी; वे पूर्व से अधिक सक्रिय, व नेतृत्व की उपस्थिति में, बड़ी संख्या में एकताबद्ध होने लगे थे।*
2. *यहाँ मुस्लिम कॉंफ्रेंस से तात्पर्य है।*

****

अध्याय : 9

नेशनल कॉंफ्रेंस का गठन और 1946 में अब्दुल्ला की गिरफ्तारी

27 अप्रैल, 1939 को अखिल जम्मू और कश्मीर मुस्लिम कॉंफ्रेंस का नाम परिवर्तित करके अखिल जम्मू और कश्मीर नेशनल कॉंफ्रेंस कर दिया गया। इस नाम परिवर्तन से सैद्धान्तिक रूप से सगंठन का साम्प्रदायिक स्वरूप समाप्त हो गया। शेख अब्दुल्ला की स्वयं इस परिवर्तन में सबसे महत्त्वपूर्ण भूमिका रही थी। वे इस कार्य के आधार पर देश के सबसे बड़े राजनीतिक दल, कॉंग्रेस, और महात्मा गाँधी सहित अन्य अग्रणियों के, जो इस दल का संचालन करते थे, सहयोग को सुनिश्चित करना चाहते थे। अब्दुल्ला की वह सोच अति महत्त्वपूर्ण होने के साथ ही उनके कार्य को ठोस शक्ति प्रदान करने वाली भी थी।

नाम परिवर्तन, या दूसरे शब्दों में नेशनल कॉंफ्रेंस के अस्तित्व में आ जाने के उपरान्त, उसका एक ओर कॉंग्रेस से सम्पर्क स्थापित हुआ, तो दूसरी ओर अखिल भारतीय देशी-राज्य प्रजा-परिषद के साथ भी उसका जुड़ाव हो गया। वर्ष 1946 ईस्वी के मई माह में जब तक शेख अब्दुल्ला 'कश्मीर छोड़ो आन्दोलन' को प्रारम्भ करने के कारण गिरफ्तार करके कारागार नहीं भेज दिए गए, तब तक नेशनल कॉंफ्रेंस कश्मीर के शासक व वहाँ की सत्ता के विरुद्ध संघर्ष चलाती रही थी। उस अवधि के दौरान अनेक महत्त्वपूर्ण और उल्लेखनीय घटनाएँ सामने आईं, जिन पर संक्षिप्त रूप से चर्चा करना यहाँ आवश्यक है, विशेष करके इसलिए, क्योंकि उन घटनाओं की वास्तविकता में जाने से शेख अब्दुल्ला की मानसिकता का कुछ आभास भी मिल सकेगा।

नेशनल कॉंफ्रेंस के कार्यक्रमों के चलते पहली घटना 1941 में उस समय घटी, जब जम्मू क्षेत्र के एक नेता चौधरी गुलाम अब्बास ने अपने कुछ साथियों के साथ नेशनल कॉंफ्रेंस को छोड़कर मुस्लिम कॉंफ्रेंस को पुनर्जीवित करने की घोषणा की। ऐसा करने का मुख्य कारण यद्यपि गुलाम अब्बास ने यह बताया था कि नेशनल कॉंफ्रेंस जम्मू क्षेत्र की जनता के हितों की समान रूप से रक्षा करने या उनके लिए कार्य करने में सक्षम नहीं है और इसीलिए मुस्लिम कॉंफ्रेंस को पुनर्जीवित किया जाना आवश्यक है, परन्तु सत्यता कुछ और थी। वास्तव में नेशनल कॉंफ्रेंस के कॉंग्रेस के साथ सहयोग, और कॉंग्रेस के बड़े नेताओं द्वारा दिए जाने वाले निर्देशन में कार्यरत देशी-राज्य प्रजा-परिषद के साथ उसकी संलग्नता से मुस्लिम लीग व उसके नेताओं की चिन्ता बढ़ गई थी। और अब उन्हें राज्य में किसी ऐसे संगठन की आवश्यकता थी, जो नेशनल कॉंफ्रेंस के समानान्तर मुस्लिम लीग को राज्य में शक्ति दे सके।

जैसा कि सर्वविदित है, कॉंग्रेस की ही भाँति मुहम्मद अली जिन्ना भी देशी-राज्यों की गतिविधियों में पूरी-पूरी रुचि लेते थे। उनकी उन देशी-राज्यो में, जहाँ मुस्लिम जनता बहुमत में थी, कुछ विशेष ही रुचि थी, और कश्मीर उनमें से एक था। 1940 में लाहौर में मुस्लिम लीग द्वारा अलग देश की माँग के सम्बन्ध में प्रस्ताव पारित कर दिए जाने के बाद जिन्ना की रुचि में पहले से अधिक तीव्रता आ गई थी। उसी तीव्रता की परिणति थी कि उन्होंने विभिन्न देशी-राज्यों में अपने आधार की खोज प्रारम्भ की; अपने सम्भावित साथियों को उन्होंने ढूँढना प्रारम्भ किया। कदाचित् गुलाम अब्बास, इसी कड़ी में, उन्हें जम्मू-कश्मीर राज्य में मिल गए।

मई, 1944 में जब कॉंग्रेस के लगभग सभी नेता, बड़े और छोटे, देश के विभिन्न कारागारों में बन्द थे, तो जिन्ना ने जम्मू-कश्मीर राज्य का दौरा किया। यद्यपि उन्हें शेख अब्दुल्ला ने वहाँ पधारने का निमंत्रण दिया था, लेकिन जिन्ना के स्वागत में दोनों—मुस्लिम कॉंफ्रेंस तथा नेशनल कॉंफ्रेंस—में होड़ लगी थी। दूसरे शब्दों में, दोनों संगठन जिन्ना के स्वागत में आगे आए थे। श्रीनगर में आयोजित सम्मान-समारोह में शेख अब्दुल्ला ने मुहम्मद अली जिन्ना को भारत के मुसलमानों का प्रिय नेता घोषित किया और जिन्ना ने अपने को दिए गए सम्मान को अन्ततः मुस्लिम लीग को दिया गया सम्मान बताया। जिन्ना की कश्मीर यात्रा के माध्यम से यह प्रयास भी किया गया कि नेशनल कॉंफ्रेंस और मुस्लिम कॉंफ्रेंस में समझौता हो जाए, लेकिन वह तो नहीं हो पाया; विपरीत इसके उन्होंने मुस्लिम कॉंफ्रेंस को कश्मीरी मुसलमानों का वास्तविक रूप से प्रतिनिधित्व करने वाली संस्था अवश्य घोषित कर दिया था।

जब जिन्ना को कश्मीर आने का निमंत्रण शेख अब्दुल्ला द्वारा दिया गया था, तो उस समय तक नेशनल कॉंफ्रेंस राज्य का सबसे प्रभावशाली राजनीतिक संगठन बन चुका था, भले ही राज्य के हिन्दुओं का बड़ा भाग उससे अभी भी अछूता था। यही नहीं, स्वयं शेख अब्दुल्ला कश्मीर घाटी के सर्वाधिक लोकप्रिय नेता के रूप में सामने आ चुके थे। ऐसे में विशेषकर जब 'भारत छोड़ो आन्दोलन' में भागीदारी के कारण लगभग वे सभी कॉंग्रेसी नेता जेलों में थे, जो स्वयं शेख अब्दुल्ला के आन्दोलन को समर्थन व सहयोग देते थे, और उनका संगठन[1] कॉंग्रेस की देशी-राज्य प्रजा-परिषद के साथ तालमेल करके चलता था, तो उन्होंने जिन्ना को कश्मीर क्यों बुलाया? ऐसा करने में क्या रहस्य था, या वे ऐसा करके कौन-सी राजनीतिक चाल चल रहे थे?

जिन्ना का कश्मीर जाना तो समझ में आता था। वे निःसन्देह एक परिपक्व और सुलझे राजनीतिज्ञ थे; राजनीति में संस्था और व्यक्ति को प्रत्यक्ष और अप्रत्यक्ष-दोनों-रूपों में प्रयुक्त करना उन्हें बखूबी आता था। आमजन की धार्मिक भावनाओं के बल पर राजनीतिक लाभ भी वे लेते थे। इसलिए वे वहाँ की यात्रा के अपने उद्देश्य में सफल रहे, क्योंकि एक तो उन्होंने स्वयं शेख अब्दुल्ला से अपने को भारत के मुसलमानों का प्रियतम नेता कहलवा लिया; दूसरे उन्हें राज्य में अपने लगभग ढाई माह के प्रयास के दौरान अनेक क्षेत्रों में जाकर अपना प्रचार करने का अवसर मिला। तीसरे, जैसा कि मैंने कहा है, मुस्लिम कॉन्फ्रेंस को, जो तीन वर्ष पूर्व (1941 में) उन्हीं के निर्देश पर कदाचित् पुनर्जीवित की गई थी, सम्भावित बल प्रदान करने का मौका भी उन्हें मिल गया।

लेकिन शेख अब्दुल्ला की रणनीति क्या हो सकती थी? वह जानने और समझने योग्य है। वास्तविकता यह रही थी कि शेख अब्दुल्ला घाटी के लोकप्रिय और प्रभावशाली नेता के रूप में उभरने के बाद राज्य की सत्ता का सपना देखते थे; 1946 में उनके द्वारा शासक के विरुद्ध 'कश्मीर छोड़ो आन्दोलन' भी देखे जा रहे सपने को वास्तविकता में बदलने हेतु अपनाई जाने वाली रणनीति का ही एक भाग था। यदि राज्य में उत्तरदायी शासन की स्थापना हो, तो अब्दुल्ला के उस शासन के मुखिया बनने की सम्भावनाएँ भी थीं; और 1947 में ऐसा हुआ भी। लेकिन इस सम्बन्ध में उनकी सोच वहीं तक सीमित नहीं थी। वे भी, कदाचित्, महाराजा हरि सिंह की ही भाँति जम्मू-कश्मीर राज्य को भारत व पाकिस्तान, दोनों, से स्वतंत्र रखकर व उससे शासक का पलायन कराकर, वहाँ की सत्ता चाहते थे। ऐसी सत्ता, जिस पर वे स्वयं जीवनभर बने रहें, तदोपरान्त उनके उत्तराधिकारी उसका सुख भोगें; यह अभिलाषा भी उनकी रही थी।

जब जिन्ना कश्मीर पहुँचे, तो उन दिनों में भी, जैसा कि मैंने पहले ही उल्लेख किया है, हिन्दू नेशनल कॉंफ्रेंस से प्रायः जुड़े हुए नहीं थे। उस संगठन में हिन्दुओं की संख्या बहुत ही कम थी। अब्दुल्ला को इस बात से बड़ी निराशा थी। लेकिन घाटी में हिन्दू, मुसलमानों से संख्या में चूँकि बहुत कम थे और नेशनल कॉंफ्रेंस का मुस्लिमों पर वर्चस्व था, इसलिए उनके लिए वहाँ कोई बड़ी चिन्ता की बात नहीं थी। जम्मू हिन्दू बाहुल्य क्षेत्र था, और वहाँ के बहुत सारे मुसलमान गुलाम अब्बास द्वारा पुनर्जीवित की गई मुस्लिम कॉंफ्रेंस के सदस्य भी थे; यह अब्दुल्ला के लिए चिन्ता की बात थी। ऐसी स्थिति में जम्मू क्षेत्र में उनके आधार को सुदृढ़ता कैसे मिले? कदाचित् मुस्लिम कॉंफ्रेंस के सहयोग से। इसलिए जिन्ना के आगमन के समय नेशनल कॉंफ्रेंस तथा मुस्लिम कॉंफ्रेंस के बीच समझौते की बात उभरी थी, लेकिन ऐसा हो नहीं सका था। जिन्ना को घाटी में बुलाकर जिस लाभ को उनके माध्यम से प्राप्त करने की आशा अब्दुल्ला ने रखी थी, वह पूर्ण नहीं हो सकी थी।

जहाँ तक जिन्ना के नेतृत्व वाली मुस्लिम लीग और नेशनल कॉंफ्रेंस के मध्य किसी तालमेल की बात थी, वह भी नहीं बन सका। यद्यपि शेख अब्दुल्ला मुस्लिम लीग से एक समझौते के अन्तर्गत सहयोग के इच्छुक थे और उसके आधार पर पुनः राज्य के बहुसंख्यकों पर, विशेषकर जम्मू क्षेत्र में अपनी सर्वोच्चता को स्थापित करना चाहते थे। दोनों के मध्य तालमेल इसलिए नहीं हो सका था, क्योंकि अब्दुल्ला की शर्त कि "अखिल भारतीय स्तर पर तो मुस्लिम लीग मुसलमानों का प्रतिनिधित्व करने वाली संस्था मानी जाए, लेकिन जम्मू-कश्मीर में नेशनल कॉंफ्रेंस ही सर्वोच्च संस्था स्वीकार की जाए", को जिन्ना ने नहीं माना था।

दोनों—जिन्ना और अब्दुल्ला—का अपना-अपना स्वार्थ था; दोनों में घमण्ड था और वह टकरा गया। जिन्ना अपना कार्य करके घाटी से वापस आ गए और शेख अब्दुल्ला ने अपनी राह ली।

जिन्ना की वापसी के बाद सितम्बर, 1944 में नए कश्मीर की माँग को आगे बढ़ाने का प्रस्ताव भी नेशनल कॉंफ्रेंस ने पारित किया; भारतीय साम्यवादी दल, जिसकी 1942 में वहाँ स्थानीय समिति गठित की गई थी, इस कार्यक्रम को समर्थन देने और वास्तव में इसका विचार प्रदान करने वाला भी था। साम्यवादी विचारों से प्रभावित जन जैसे कि एन०एन० रैना, गुलाम मुहम्मद सादिक और कुमारी महमूदा, उन अग्रणियों में से थे, जिन्होंने उक्त विचार को नेशनल कॉंफ्रेंस के मंच से आगे बढ़ाने का प्रयास किया था। रूसी क्रान्ति (1917) उनका आदर्श था और उन्होंने राज्य को लाल रंग में रंगने का स्वप्न देखा था।

नए कश्मीर की माँग के पीछे जो योजना प्रस्तुत की गई थी, उसमें राज्य के संवैधानिक ढाँचे और क्षेत्र के लिए (राष्ट्रीय) आर्थिक योजना की बात प्रमुख रूप में की गई थी। निश्चिततः साम्यवादी छाप और स्वप्न उसके मूल में था।

1946 में शेख अब्दुल्ला ने व्यक्तिगत रूप से हरि सिंह के विरुद्ध आन्दोलन छेड़ दिया। उनकी मुख्य माँग थी कि महाराजा कश्मीर छोड़कर चले जाएँ और अपनी सत्ता जनता को सौंप दें। वह समय ऐसा था कि जब भारत में राजनीतिक परिवर्तन के परिदृश्य उभर आए थे; कैबिनिट मिशन योजना का इस सन्दर्भ में भारत आगमन अतिमहत्त्वपूर्ण घटना रही थी। ऐसे में अब्दुल्ला का महाराजा के विरुद्ध व्यक्तिगत उद्देश्य को केन्द्र में रखकर, और साथ ही व्यक्तिगत स्तर पर ही निर्णय लेकर, आन्दोलन प्रारम्भ करना उस देशी-राज्य प्रजा-परिषद के सिद्धान्तों के पूर्णतः विरुद्ध

था, जिसके शेख अब्दुल्ला स्वयं उपाध्यक्ष थे। यही नहीं, विश्लेषण करने पर स्पष्ट होगा कि उस समय वह कार्य तो स्वयं नेशनल कॉंफ्रेंस के निर्धारित सिद्धान्तों के भी विपरीत था। स्वयं पं० जवाहरलाल नेहरू की अखिल भारतीय देशी-राज्य प्रजा-परिषद के प्रमुख के रूप में यही स्वीकारोक्ति थी। लेकिन अपने को घाटी के लोकप्रिय नेता के रूप में स्वीकार करते हुए अब्दुल्ला ने 'कश्मीर छोड़ों आन्दोलन' प्रारम्भ किया; वे लोकप्रिय नेता थे भी, लेकिन महाराजा की सत्ता ने उन्हें बन्दी बनाकर तीन वर्ष के लिए कारागार भेजने में कोई बिलम्ब नहीं किया।

II

शेख अब्दुल्ला को बन्दी बनाए जाने की उनके समर्थकों या घाटी के लोगों में तीव्र प्रतिक्रिया का होना तो स्वाभाविक ही था, लेकिन काँग्रेस दल की ओर से भी शेख को बन्दी बनाए जाने की कड़ी आलोचना हुई। पण्डित जवाहरलाल नेहरू, जो कहीं भी और किसी भी शासन के लोकतंत्रीकरण के लिए आन्दोलनरत लोगों के समर्थन व सहयोगार्थ आगे आ जाया करते थे, कभी-कभी तो बिना देरी किए, कश्मीर के लोगों के आन्दोलन के समर्थन व शेख अब्दुल्ला की गिरफ्तारी के विरोध में भी सामने आए। उन्होंने शेख अब्दुल्ला को बन्दी बनाए जाने की कटु आलोचना की; उन्हें राज्य का जनप्रिय नेता घोषित किया, और वास्तव में, वे जैसे कि थे भी, और यह कहाः

"यह (कृत्य) जनता की इच्छा पर राज्य के उन अधिकारियों द्वारा (लगाया) प्रतिबंध है, जिन्होंने महान लोकप्रिय आन्दोलन की बहती (हुई) सरिता की धारा को रोकने का प्रयास किया है।"

कश्मीर की भारत के साथ अभिन्नता को स्वीकार करते हुए और वहाँ की स्थिति एवं घटनाक्रम के भारत पर पड़ने वाले प्रभाव के बारे में

उन्होनें यह (भी) कहा, "कश्मीर में जो कुछ भी होता है, निश्चित रूप से शेष भारत के लिए उसका महत्त्व है, लेकिन वहाँ के ताजा घटनाक्रम, अर्थात जनता के संघर्ष और उसके दमन का, जो कि मुक्ति के एक बड़े आन्दोलन का पर्याय बन गया है, और भी अधिक महत्त्व है। इस प्रकार कश्मीर उन राज्यों के लिए, जहाँ दोनों-राजनीतिक एवं आर्थिक-रूप से वहाँ के निरंकुश और प्रायः सामन्ती शासन के विरुद्ध उत्तेजना एवं भारी असन्तोष है, (अनुकरणीय) बन गया है। उन राज्यों की जनता ने कश्मीर की जनता के प्रति सहानुभूति रखी है, और उसने वहाँ की जनता के लिए एकात्मकता की भावना प्रकट की है। निःसन्देह, (विपरीत इसके) कई राज्यों के शासकों ने कश्मीरी अधिकारियों के साथ सहानुभूति रखी, उन्हें प्रोत्साहित किया और यह अनुभव किया कि एक सीमा तक उनका भाग्य भी कश्मीर के इस आन्दोलन के साथ जुड़ा है।"

विशेष रूप से शेख अब्दुल्ला के सम्बन्ध में नेहरू ने कहा, "लोकप्रिय आन्दोलनों की जो वास्तविकता होती है और उनके पीछे जो शक्ति होती है, वह आन्दोलन के प्रेरक व प्रतीक बन गए व्यक्तित्वों पर आधारित होती है। इस प्रकार शेख अब्दुल्ला कश्मीरियों की स्वाधीनता की इच्छा (की पूर्ति) हेतु एक जीते-जागते और विशिष्ट प्रतीक बन गए हैं।"

जम्मू-कश्मीर शासन की असामंजस्यता, विशेषकर उस समय जब भारत स्वतंत्रता के द्वार पर आकर खड़ा हो, के बारे में नेहरू ने टिप्पणी करते हुए कहा, "आश्चर्यजनक बात यह है कि वे (कश्मीर के) अधिकारी किस प्रकार इतिहास के सबक के प्रति आँखें मूँदे रहे? कैसे वे ताजा घटनाक्रम को समझ तक नहीं सके? जैसे ही हम पाते है कि भारत स्वतंत्रता की दहलीज पर है, हम यह (भी) देखते हैं कि कश्मीरी अधिकारी स्पष्टतः अपनी जनता और उसकी स्वाधीनता की इच्छा को कुचलना चाहते हैं। इस प्रकार कोई भी वास्तविक आन्दोलन कुचला नहीं

जा सकता; जब स्वयं भारत में विदेशी शासन का अन्त होने जा रहा है, इस प्रकार से (जनान्दोलन) के कुचले जाने की संभावना बहुत कम है।"

अन्त में नेहरू ने कश्मीर की राजतंत्र से मुक्ति को भारत की मुक्ति के साथ जोड़ते हुए कहा, "इस कहानी का तर्कसंगत अन्त मुक्त व स्वतंत्र भारत के विस्तृत ढाँचे के भीतर कश्मीर में (भी) स्वतंत्रता की स्थापना के साथ होगा।"

और यही नहीं, पण्डित जवाहरलाल नेहरू ने कश्मीर घाटी जाकर वहाँ के लोगों से मिलने एवं शेख अब्दुल्ला से भेंट करने का विचार भी किया; यद्यपि भोपाल के तत्कालीन नवाब हमीदुल्ला खान ने नेहरू को गम्भीर वातावरण के चलते वहाँ तत्काल न जाने का परामर्श दिया।

सरदार पटेल, जो स्वयं कश्मीरी जनता के प्रति गहरी सहानुभूति रखते थे और वहाँ के जनान्दोलन के समर्थक थे, ने भी तत्काल नेहरू के कश्मीर प्रस्थान को तर्कसंगत नहीं माना था। सरदार वल्लभभाई पटेल, जैसा कि सर्वाविदित है, राजकोट, भावनगर और बड़ौदा जैसे अनेक देशी-राज्यों की जनता के शासकों के विरुद्ध आन्दोलनों को न केवल खुला समर्थन देते थे, अपितु उन्हें उनके कार्य में पूरा-पूरा मार्गदर्शन भी प्रदान करते थे। जम्मू-कश्मीर राज्य के लोगों के प्रति भी उनकी ऐसी ही नीति थी। यही कारण था कि तीन जुलाई, 1947 को अपनी पूर्व-निर्धारित जन-समर्थन की नीति के अनुसार उन्होंने जम्मू-कश्मीर राज्य के तत्कालीन प्रधानमंत्री रामचन्द्र काक को लिखा था:

"क्या आप अभी भी यह मानते हैं कि शेख अब्दुल्ला को कारागार में रखना चाहिए? यह प्रश्न मैं कश्मीर के शुद्ध हित में पूछ रहा हूँ। क्या आप जानते हैं कि समस्त अवसरों पर मेरा दृष्टिकोण क्या रहा है और राज्य के प्रति मेरी कितनी सहानुभूति रही है? मैं ... आपको पुनः परामर्श दे रहा हूँ कि आप शीघ्र इस विषय पर पुनर्विचार करें।"

लेकिन वल्लभभाई वस्तु-स्थिति को जाँचे-परखे बिना कोई कदम नहीं उठाते थे; वे अनावश्यक शीघ्रता में नहीं रहते थे और न ही भावनात्मक कारण से किसी मैदान में तुरन्त कूद जाते थे। शेख अब्दुल्ला का शासक के विरुद्ध व्यक्तिगत द्वेष प्रकट करते हुए आन्दोलन छेड़ना और उन्हें कश्मीर छोड़कर जाने को कहना, उस समय की परिस्थितियों में गलत था। वल्लभभाई उस वास्तविकता से परिचति थे, जबकि नेहरू उसे तुरन्त नहीं भाँप सके थे; और इसी कारण खुले समर्थन के अतिरिक्त उन्होंने कश्मीर को प्रस्थान करने का मन भी बना लिया। राज्य-शासन ने, जैसा कि हम जानते हैं, उनके जम्मू-कश्मीर प्रवेश पर प्रतिबंध लगा दिया। लेकिन वे तब भी जुलाई माह में वहाँ पहुँचे और निषेधाज्ञा व कानून भंग के आरोप में उन्हें बन्दी बना लिया गया था। नेहरू के इस प्रकार वहाँ जाने और निषेधाज्ञा व कानून तोड़कर गिरफ्तार होने को भी वल्लभभाई ने सही नहीं माना था, और जैसा कि मैंने पहले भी कहा है, बाद में स्वयं जवाहरलाल ने अब्दुल्ला के कदम को उचित नहीं माना था, सार्वजनिक रूप से उन्होंने इसकी स्वीकारोक्ति की थी, क्योंकि देशी-राज्य प्रजा-परिषद एवं नेशनल कॉंफ्रेंस-दोनों-ने यह नीति स्वीकार की हुई थी कि "देशी राज्यों में लोकप्रिय शासन की स्थापना शासकों के आश्रय में ही की जाएगी।" परन्तु शेख अब्दुल्ला ने 1946 में अपनी नीति व प्रतिबद्धता से हटकर महाराजा हरि सिंह के विरुद्ध व्यक्तिगत रूप में ही संघर्ष छेड़ दिया, क्यों?

सन्दर्भः

1. नेशलन कॉंफ्रेंस।

****

अध्याय : दस

जून, 1947 की घोषणा और विलय की समस्या

वायसराय और गवर्नर-जनरल के रूप में माउन्टबेटन के भारत आने के बाद 3 जून, 1947 की ब्रिटिश घोषणा, कि "(स्वाधीनता के साथ ही) भारत के दो उपनिवेशों में विभाजन और 15 अगस्त, 1947 (स्वतंत्रता के दिन) से देशी-राज्यों पर से ब्रिटिश आधिपत्य का अन्त हो जाएगा," और देशी-राज्यों में से प्रत्येक को दोनों उपनिवेशों-भारत और पाकिस्तान-में से किसी एक के साथ मिल जाना होगा, देश के भविष्य के सम्बन्ध में एक बहुत ही महत्त्वपूर्ण घटना थी। इसके पूर्व, जैसा कि विषय-विशेषज्ञ जानते हैं, 16 मई, 1946 को कैबिनिट मिशन योजना के प्रस्तावों में स्थिति अटपटी और उलझी हुई थी; वह देश के एकीकरण के मार्ग में भारी बाधा उत्पन्न करने वाली थी। उसमें कहा गया था:

"(क) (भारतीय) संविधान सभा में देशी-राज्यों के भाग लेने का प्रश्न वार्ता के माध्यम से हल किया जाएगा; और

"(ख) देशी-राज्य उन विषयों और सत्ताओं को अपने पास रखेंगे, जो संघ को न सौंपे गए हों।"

उपरोक्त दोनों बातों से स्पष्ट था कि देशी-राज्यों पर से जहाँ एक ओर ब्रिटिश सम्राट की सत्ता समाप्त हो जाएगी, वहीं दूसरी ओर भारत की नई स्थापित होने वाली सरकार को भी वह नहीं मिलेगी। स्पष्ट शब्दों

में, प्रत्येक देशी-राज्य स्वतंत्र हो जाएगा। इस स्पष्टता की सम्पुष्टि केबिनिट मिशन-योजना के निम्नलिखित वाक्यों से भी होती थीः

"(भारत के) देशी-राज्यों ने जो अपनी समस्त सत्ताएँ सर्वोच्च (ब्रिटिश) सत्ता को सौंप दी थीं; वे (पुनः) राज्यों के पास लौट आएँगी। इस प्रकार एक ओर राज्यों एवं ब्रिटिश सम्राट के मध्य स्थापित रही समस्त राजनीतिक व्यवस्थाओं का और दूसरी ओर ब्रिटिश भारत एवं ब्रिटिश सम्राट के बीच स्थापित रही समस्त राजनीतिक व्यवस्थाओं का (भी) अन्त हो जाएगा। इसके परिणामस्वरूप जो रिक्तता उत्पन्न होगी, उसको दो रूपों में पूर्ण किया जाएगाः या तो ब्रिटिश भारत में स्थापित होने वाली नई सरकार के साथ सम्बन्ध स्थापित करके; यदि ऐसा सम्भव न हो, तो उस सरकार के साथ विशिष्ट राजनीतिक व्यवस्थाएँ बनाकर..।"

लेकिन 3 जून, 1947 की घोषणा से स्थिति स्पष्ट और पहले से पूर्णतः भिन्न ही बन गई थी। भारत में उस समय सैकड़ों देशी-राज्य थे, और जैसा कि हम जानते हैं, उनमें हैदराबाद तथा कश्मीर जैसे बड़े राज्य भी थे, लेकिन यह तो स्पष्ट ही था कि प्रत्येक देशी-राज्य दो में से किसी एक उपनिवेश के साथ जुड़ेगा; यह भी आशा की जाती थी कि प्रत्येक राज्य का विलय उसी उपनिवेश के साथ होगा, जिसके साथ (सम्बद्ध हो जाने की स्थिति में) उसकी जनता का हित बना रहे। यही नहीं, भौगोलिक परिस्थितियों, और उन परिस्थतियों की माँग के अनुरूप ही प्रत्येक राज्य के शासक से विलय के सम्बन्ध में लिए जाने वाले निर्णय की अपेक्षा की जाती थी।

भारतीय उपनिवेश की ओर से दो प्रमुख और शासन में सर्वोच्च स्थिति-धारक नेता-पण्डित जवाहरलाल नेहरू और सरदार वल्लभभाई

पटेल-तीन विषयों-प्रतिरक्षा, विदेशी मामले तथा संचार व्यवस्था-के आधार पर देशी-राज्यों के भारतीय संघ में विलय की प्रक्रिया को आगे बढ़ाने का कार्य कर रहे थे। इस कार्य के लिए तत्कालीन वायसराय लार्ड माउन्टबेटन दोनों की सहायता कर रहे थे; वे भारत सरकार की ओर से देशी-राज्यों के शासकों के साथ विलय-प्रक्रिया के सम्बन्ध में चर्चाएँ कर रहे थे। यद्यपि सरदार पटेल का लार्ड माउन्टबेटन से, विशेषकर कश्मीर राज्य के संघ में विलय के सम्बन्ध में, नीतिगत मतभेद था, लेकिन उन्होंने अन्य राज्यों के शासकों की ही भाँति कश्मीर के महाराजा के साथ हो रही उनकी वार्ता में कोई हस्तक्षेप नहीं किया था। लार्ड माउन्टबेटन ने वैसे तो यह कहा था कि "जम्मू-कश्मीर राज्य भारत या पाकिस्तान–दोनों–में से किसके साथ जुड़े, मैं इस बारे में अपनी ओर से कुछ नहीं कहूँगा", लेकिन वास्तव में स्थिति यह थी कि वे राज्य के पाकिस्तान में विलय का विचार रखते थे। दूसरे शब्दों में, उनका झुकाव था पाकिस्तान की ओर। उनके इस झुकाव का आभास हमें निम्नलिखित वाक्य से, जो उनकी शासक महाराजा हरि सिंह को दी गई सलाह से था, स्पष्ट हो जाता हैः

"सत्ता के हस्तान्तरण हेतु निर्धारित तिथि 15 अगस्त, 1947 से पूर्व (ही) आपको परिस्थितयों के अनुरूप एक या दूसरे उपनिवेश के साथ जुड़ जाने का निर्णय कर लेना चाहिए।"

स्पष्टतः "परिस्थितियों के अनुरूप" शब्दों का उल्लेख कर लार्ड माउन्टबेटन का महाराजा हरि सिंह को अपने राज्य के बारे में निर्णय लेने का परामर्श देना ही पाकिस्तान की ओर उनके झुकाव का संकेत था। उन्होंने महाराजा को यह आश्वासन भी दे डाला था कि "यदि वे पाकिस्तान के साथ मिलना पसन्द करेंगे, तो भारत उनके लिए कोई कठिनाई उत्पन्न नहीं करेगा।"

II

तीन जून, 1947 की ब्रिटिश सरकार की घोषणा, और उसके अनुरूप 15 अगस्त, 1947 को देश को दो भागों में विभाजन के साथ प्राप्त होने वाली स्वाधीनता के मध्य लगभग दस सप्ताहों का समय था। इन्हीं दस सप्ताहों में देशी-राज्यों के विलय से सम्बन्धित स्थिति को सुलझाया जाना अपेक्षित था। ऐसे में अति आवश्यक था कि देशी-राज्यों से संम्बन्धित एक विशेष और पृथक विभाग की स्थापना की जाए और उसे किसी सक्षम, योग्य तथा निर्णय-क्षमता के धनी व्यक्ति को सौंपा जाए। पूर्व में जैसा कि कहा है, नेहरू व पटेल साथ-साथ देशी-राज्यों के भारत-संघ में विलय से सम्बन्धित कार्य को देख रहे थे और लार्ड माउन्टबेटन उनकी सहायता कर रहे थे। लेकिन देशी-राज्यों की समस्या कोई छोटी-मोटी समस्या नहीं थी। वह एक गम्भीर व उलझी हुई समस्या थी। इसीलिए 5 जुलाई, 1947 को देशी-राज्य विभाग की स्थापना की गई और उसे गृहमंत्री सरदार पटेल को सौंपा गया। अब यह सरदार पटेल का उत्तरदायित्व बन गया कि वे विलय-प्रक्रिया से जुड़ी समस्याओं को सुलझाएँ; उन बाधाओं को दूर करें, जो मार्ग में आने वाली हों, तथा जैसी कि देशवासियों की प्रबल इच्छा थी और परिस्थितियों की माँग भी थी, भारत को एक सुदृढ़ और अखण्ड देश बनाएँ।

भले ही लार्ड माउन्टबेटन ने महाराजा कश्मीर को कोई परामर्श दिया हो, अथवा भले ही उनका जम्मू-कश्मीर राज्य के सम्बन्ध में झुकाव पाकिस्तान की ओर रहा हो, सरदार पटेल की दृढ़ इच्छा थी, "जम्मू-कश्मीर राज्य का विलय भारत-संघ के साथ हो और वहाँ के शासक को चाहिए कि वे अपने शासन को पूर्णतः लोकतांत्रिक बना दें।"

सरदार पटेल ने देशी-राज्यों के विभाग की स्थापना से दो दिन पूर्व ही, इसी सन्दर्भ में, महाराजा हरि सिंह को लिखे अपने पत्र में कहा भी थाः

"राज्य के एक सच्चे मित्र और हितैषी के नाते मैं आपको यह विश्वास दिलाना चाहता हूँ कि कश्मीर का हित भारतीय संघ और उसकी संविधान सभा में शीघ्र सम्मिलित हो जाने में है। राज्य के प्राचीन इतिहास और उसकी परम्पराओं का यही तकाजा है; और सम्पूर्ण भारत आपकी ओर देखता है तथा आपसे यह निर्णय करने की आशा करता है। अस्सी प्रतिशत भारत इसके पक्ष में है। जिन देशी-राज्यों ने अपना भाग्य (भारत की) संविधान सभा के साथ जोड़ा है, उन्हें इस बात का विश्वास है कि उनकी सुरक्षा की प्रत्याभूति भारत के साथ खड़े रहने में है।"

सरदार पटेल के अतिरिक्त पण्डित जवाहरलाल नेहरू की इच्छा भी यही थी कि कश्मीर राज्य भारतीय संघ के साथ जुड़े। इसके पीछे अन्य कारणों के अतिरिक्त राज्य से उनके भावनात्मक लगाव का होना भी था। वे मूलतः स्वयं कश्मीरी थे, यद्यपि उनके पूर्वज वर्षों पूर्व वहाँ से आ गए थे।

सरदार पटेल का कहना कि "अस्सी प्रतिशत भारत कश्मीर राज्य के भारतीय संघ में विलय का पक्षधर है", स्वयं उनकी व्यक्तिगत इच्छा, और प्रधानमंत्री नेहरू की अभिलाषा थी कि वह राज्य भारत का अंग बने, और इसी के साथ अनेक दूसरे बड़े नेताओं की भी ऐसी ही कामना का होना था; तो क्यों?

भारत की सभ्यता और संस्कृति का प्राचीनकाल में केन्द्र होने के अतिरिक्त, कश्मीर का देश के लिए, जैसा कि पहले भी कह चुका हूँ,

सामरिक दृष्टि से, अन्य सीमावर्ती क्षेत्रों से तुलनात्मक रूप से कहीं अधिक महत्त्व था, है और आगे भी रहेगा। महाशक्तियों-रूस व चीन-की सीमाओं की निकटता के साथ ही कश्मीर राज्य से अफगानिस्तान भी अपेक्षाकृत निकट है और पाकिस्तान तो इससे मिला हुआ है। जम्मू-कश्मीर की ऊँची-ऊँची पहाड़ियों तथा घाटियों का सुरक्षा और सैन्य दृष्टि से इसलिए भी महत्त्व है। और भारत की प्रबल इच्छा का, कि जम्मू-कश्मीर राज्य का उसके संघ के साथ विलय हो, इस दृष्टि से होना स्वाभाविक था। दूसरे, राज्य के जम्मू-क्षेत्र में हिन्दुओं का बहुमत था। इस क्षेत्र में लगभग साठ प्रतिशत हिन्दू थे। इसी के साथ, लद्दाख में आधे से अधिक जनसंख्या बौद्ध धर्म-सम्प्रदाय के अनुयायिओं की थी। दोनों-हिन्दुओं और बौद्धों-के भविष्य की दृष्टि से, या दूसरे शब्दों में उनके हित व उनकी सुरक्षा को ध्यान में रखते हुए, यही श्रेष्ठ था कि वे भारतीय संघ के साथ जुड़ें। तीसरे, सम्पूर्ण भारत के हिन्दुओं का इस क्षेत्र से भावनात्मक लगाव इस कारण से था, है, और रहेगा, क्योंकि उनके धार्मिक दृष्टि से पूजनीय स्थल जैसे कि वैष्णों देवी मन्दिर और अमरनाथ गुफा इसी राज्य में स्थित हैं। चौथे, जैसा कि सर्वविदित है, सिन्ध सहित उसकी सभी प्रमुख सहायक नदियाँ जम्मू-कश्मीर राज्य से ही उदित होती हैं, या वहीं से प्रवाहित होकर आगे बढ़ती हैं।

उपरोक्त चारों मुख्य कारणों के चलते, भारत की इच्छा के साथ ही, पाकिस्तान भी यह चाहता था कि जम्मू-कश्मीर राज्य का विलय उसके साथ हो। इस सम्बन्ध में पाकिस्तान का तर्क था कि चूँकि राज्य की जनसंख्या का बहुमत मुसलमानों से है, इसलिए उसके साथ जुड़ने में ही उनका हित है। उसका यह भी दावा था कि राज्य के अधिकांश मुसलमान अपने भाग्य को उसके साथ जोड़ना चाहते हैं। दूसरी ओर,

सामरिक दृष्टि से पाकिस्तान के लिए कश्मीर घाटी का महत्त्व था और पाकिस्तान के मुसलमानों की वहाँ की हजरत बल दरगाह जैसी धार्मिक इमारत में रुचि भी हो सकती थी।

दोनों देशों की स्थिति, उनकी राज्य में रुचि, और यहाँ तक कि वहाँ की जनता की मानसिकता से महाराजा हरि सिंह भली-भाँति परिचित थे। लेकिन यह विडम्बना ही कही जाएगी कि वे इसी बात को प्राथमिकता देते रहे थे कि किसी तरह उनका राज्य स्वतंत्र ही बना रहे, जो भारतीय स्वतंत्रता की घोषणा, या बाद में ब्रिटिश संसद द्वारा पारित भारतीय स्वतंत्रता अधिनियम के प्रावधानों के अनुसार सम्भव ही नहीं था। महाराजा हरि सिंह, जैसा कि कहा है, सरदार पटेल के परामर्श के प्रति गम्भीर नहीं बने; उन्होंने पाकिस्तान सरकार के अपने राज्य के उनके साथ विलय के प्रस्ताव को भी ठुकरा दिया। हाँ, इतना अवश्य था कि वे (महाराजा) भारत की तुलना में इस सम्बन्ध में पाकिस्तान के प्रति अधिक कठोर थे। इसीलिए पाकिस्तानी सरकार उससे अत्यधिक क्रोधित थी।

जम्मू-कश्मीर राज्य के भविष्य के सम्बन्ध में लार्ड माउन्टबेटन ने भी, जैसा कि एक नवम्बर, 1947 की उनकी जिन्ना से हुई वार्ता के अभिलेख में उल्लेख है, महाराजा हरि सिंह से 15 अगस्त, 1947 से पहले ही अपने राज्य के विलय के सम्बन्ध में निर्णय कर लेने को कहा था। उन्हीं के शब्दों में:

"मैनें महाराजा (हरि सिंह) को राज्य (जम्मू-कश्मीर) में प्रगतिशील सरकार स्थापित करने, अपनी प्रजा की इच्छा (को) निश्चित रूप से जानने और उसके पश्चात 15 अगस्त, 1947 के पूर्व प्रजा की पसन्द के उपनिवेश के साथ मिलने की बात (को) निरन्तर समझाने का प्रयास किया। निजी

रूप से उस समय उन्हें अपने विचार भी बताए, जब उनके साथ मैं कार से यात्रा कर रहा था। लेकिन जब अपनी भेंट के अन्तिम दिन उनके प्रधानमंत्री और अपने निजी सचिव की उपस्थिति में एक औपचारिक बैठक आहूत करने की मैंने इच्छा व्यक्त की, तो उन्होंने बीमार पड़ना पसन्द किया और बैठक को टालने के लिए उन्होंने शय्या पकड़ ली। श्रीनगर से प्रस्थान करते समय रैंजिडंट को मैंने यह निर्देश दिया कि वे महाराजा को सरकार के स्तर से स्मरण कराते रहें। और अन्त में लार्ड इस्में अगस्त (1947) के अन्त में महाराजा को यह परामर्श देने के निर्देशों के साथ कश्मीर गए कि वे शीघ्रता करें और सम्मिलन के सम्बन्ध में जनता की इच्छा को निश्चिततः जान लें। लेकिन महाराजा लगातार इस विषय को टालते रहे और चर्चा को हल्की बातों की ओर मोड़ते रहे।''

लेकिन महाराजा हरि सिंह ने, जो कि समय पर निर्णय लेने में सक्षम नहीं थे, और जैसा कि पहले भी कहा है, वे अनिश्चितता व असामंजस्य की स्थिति के वशीभूत रहते थे, सभी के सुझावों को अनदेखा करते रहे थे। वास्तविकता क्या है? समय की माँग व आवश्यकता क्या है? इन सब बातों से, जाने-अनजाने में विमुख, महाराजा 15 अगस्त, 1947 तक जम्मू-कश्मीर राज्य के विलय के सम्बन्ध में कोई निर्णय नहीं ले पाए, जबकि भारत के अधिकांश देशी-राज्यों के शासकों ने निर्णय ले लिया था। अनेक अपनी भौगोलिक स्थिति तथा जनहित को दृष्टिगत रखते हुए पाकिस्तान के साथ मिले, जबकि स्वाधीनता के दिन तक लगभग साढ़े पाँच सौ देशी-राज्यों का विलय भारतीय संघ के साथ हुआ।

निश्चित रूप से समय पर जम्मू-कश्मीर राज्य के भारतीय संघ या दूसरे उपनिवेश के साथ विलय न होने के कारण ही आगे गम्भीर समस्या उत्पन्न हुई। और आज जो परिस्थितियाँ वहाँ हैं, उन्हें महाराजा हरि सिंह

की भयंकर ऐतिहासिक भूल से, जिसमें उन्होंने असामंजस्य की स्थिति बनाए रखी, पृथक नहीं किया जा सकता। वे महाराजा हरि सिंह ही थे, जो जम्मू-कश्मीर राज्य में उत्पन्न होने वाली वर्तमान समस्या के लिए दोषी थे; उनका दृष्टिकोण और उनकी सोच ही उसके लिए उत्तरदायी रही थी।

III

समय पर जम्मू-कश्मीर राज्य के किसी भी उपनिवेश के साथ न जुड़ने के कारण स्थिति गम्भीर होती गई; राज्य विवाद के घेरे में आता गया और अन्ततः पाकिस्तान की ओर से कबायलियों का श्रीनगर तक पहुँचना सम्भव हो गया। राज्य के लिए गम्भीर खतरा उत्पन्न हो गया। और फिर भारत की ओर से सैन्य कार्यवाही भी हुई। इस घटनाक्रम पर विस्तार से चर्चा करें, जो आवश्यक भी है, लेकिन उससे पूर्व अच्छा होगा यदि जम्मू-कश्मीर राज्य को केन्द्र में रखकर हम भारत और पाकिस्तान की वास्तविक स्थिति का आँकलन करेंगे।

यह सर्वविदित है कि स्वतंत्रता के द्वार पर खड़े भारत ने प्रजातंत्रात्मक शासन-व्यवस्था को अपनाने के साथ ही, अपने स्वरूप को पूर्णतः धर्मनिर्पेक्ष रखने का निर्णय लिया था। यह निर्णय देश के किसी भी व्यक्ति या व्यक्तिसमूह के लिए सुरक्षा और विश्वास का श्रेष्ठ आधार था; विपरीत इसके पाकिस्तान का निर्माण एक धर्म-सम्प्रदाय विशेष के नाम पर हो रहा था, भले ही उसके निर्माताओं की हार्दिक भावना कुछ भी हो। इस दृष्टि से जम्मू-कश्मीर राज्य के सभी लोगों, अर्थात बौद्धों, सिक्खों, हिन्दुओं अथवा जैनियों की सुरक्षा या उनका हित उनके राज्य के पाकिस्तान के साथ विलय के बाद सुरक्षित रह सकेगा, इस बात में शंका थी, भले ही पाकिस्तान की सरकार इस सम्बन्ध में कोई भी दावा करती

रही हो। आज साठ वर्ष व्यतीत हो जाने के बाद हम यदि पाकिस्तान की स्थिति का अवलोकन करते हैं, तो तब भी उक्त दावे में जितना दम था, वह समझ में आ सकता है। यह विडम्बना ही रही है कि आधी शताब्दी बीत जाने के बाद तक भी वहाँ प्रजातंत्र स्थापित नहीं हो पाया है, पाकिस्तानियों के लिए स्वयं यह दुविधामय स्थिति है।

1947 में पाकिस्तान और भारत की वास्तविक स्थिति, विशेष रूप से सैन्य दृष्टिकोण से, भारी अन्तर वाली थी। साथ ही, राजनीतिक तथा आर्थिक-दोनों-रूपों में पाकिस्तान अपने बड़े भ्राता से बहुत दुर्बल था। यदि कश्मीर के मुद्‌दे पर पाकिस्तान भारत के साथ युद्ध करे, तो वह जीतने की स्थिति में नहीं था। वस्तु-स्थिति तो यह थी कि उस समय पाकिस्तान के स्वयं के अस्तित्व को सुरक्षित किया जाए, जिन्ना जैसे समझदार और महत्त्वाकांक्षी राजनीतिक इस बात को भली-भाँति जानते व समझते थे। जब तक जम्मू-कश्मीर राज्य का भारतीय संघ के साथ विलय न हो, तब तक ही पाकिस्तान उसे पाने की इच्छा कर सकता था। लेकिन यदि वहाँ के शासक अपने राज्य का भारत के साथ विलय कर दें, तो फिर स्थिति दूसरी हो जाती है। यह बात भी जिन्ना भली-भाँति जानते थे। यही कारण था कि जिन्ना की पाकिस्तानी सरकार महाराजा हरि सिंह के राज्य को उनकी असामंजस्यतापूर्ण स्थिति और उनके निर्णय न लेने की नीति के चलते ही बल प्रयोग द्वारा भी अपने साथ मिलाने को तैयार थी। ऐसा स्वाभाविक था। कोई दुर्बल इस स्थिति में ऐसा करने को तत्पर हो ही सकता था।

****

अध्याय : ग्यारह

सैन्य कार्यवाही और राज्य का भारतीय संघ में विलय

महाराजा हरि सिंह, जैसा कि पहले भी उल्लेख हो चुका है, पाकिस्तान की अपेक्षा भारत के प्रति उदार थे; यद्यपि इसका अर्थ यह कदापि नहीं था कि वे जम्मू-कश्मीर राज्य का विलय भारतीय संघ में करने के साथ ही भारतीय संविधान सभा में भागीदारी करने की तैयारी कर रहे थे। लेकिन यह सही था कि महाराजा का स्वयं, व उनके प्रधानमंत्री का भी पत्र-व्यवहार भारत सरकार, विशेष रूप से सरदार पटेल के साथ हो रहा था। इसी पत्र-व्यवहार में एक पत्र में, जो सरदार पटेल ने 2 अक्टूबर, 1947 को महाराजा हरि सिंह को उनके 26 सितम्बर, 1947 के पत्र के उत्तर में भेजा था, न्यायमूर्ति मेहरचन्द महाजन के महाराजा की सेवा में जुड़ने का उल्लेख भी था। महाजन सरदार पटेल के परामर्श व संस्तुति से ही कश्मीर जा रहे थे। अन्य पत्रों में राज्य की स्थिति व कठिनाइयों, एवं साथ ही विभिन्न क्षेत्रों में भारत सरकार की राज्य के लिए सहायता व सहयोग की ही चर्चा प्रमुख रूप से रही थी।

अब, जब पाकिस्तान ने यह पाया कि महाराजा हरि सिंह भारत सरकार के साथ पत्र-व्यवहार कर रहे हैं; और कदाचित् वह पत्र-व्यवहार जम्मू-कश्मीर राज्य के भारतीय संघ के साथ जुड़ने के सम्बन्ध में है, यद्यपि ऐसी बात नहीं थी, तो उसने उत्तर-पश्चिमी सीमा-प्रान्त के हजारों कबायलियों को उकसाकर कश्मीर पर अधिकार करने के उद्‌देश्य से उन्हें

वहाँ भेजा। यह कार्य बड़े योजनाबद्ध ढंग से किया गया था; पाकिस्तान के नागरिक व सैनिक-वाहन कबायलियों को उपलब्ध कराए गए तथा वहाँ की सेना के अधिकारियों ने छद्म रूप से उनका नेतृत्व किया, जैसा कि अक्टूबर के प्रथम सप्ताह में उत्तर-पश्चिमी सीमा-प्रान्त के डेरा इस्माईल खान जनपद के पूर्व उपायुक्त दीवान शिवशरण लाल द्वारा पण्डित जवाहरलाल नेहरू को भेजे गए एक वक्तव्य से स्पष्ट था। अपने वक्तव्य में दीवान लाल ने बताया:

"लगभग मध्य सितम्बर (1947) में मलकंद से सियालकोट के लिए पाकिस्तान द्वारा कश्मीर की सीमा पर हथियारों से सुसज्जित कबायलियों को भेजने की योजना प्रारम्भ की गई थी। (उपरान्त) पाँच हजार कबायली भेज दिए गए, जबकि इतनी ही संख्या में और कबायलियों को भेजे जाने को तैयार रखा गया। वे कबायली पाकिस्तान सरकार द्वारा उपलब्ध कराए गए नागरिक और सैनिक-वाहनों में बैठकर पहुँचे। यही नहीं, गैर मुसलमानों से जब्त किए गए अस्त्रों को कबायलियों को उपलब्ध कराया गया तथा सीमा-प्रान्त के कारखानों से अधिकाधिक गोला-बारूद व शस्त्रों के निर्माण का क्रम जारी रखा गया। पाकिस्तान की ओर से (निकटवर्ती) दीर, स्वात और चित्राल के राज्यों को कश्मीर पर आक्रमण करने के लिए तैयार किया गया; और उपरान्त स्वात के वली को कश्मीर (राज्य) को सौंपने का वचन दिया गया है।"

अक्टूबर, 1947 में उत्तर-पश्चिमी सीमा-प्रान्त के कबायलियों ने अपनी गतिविधियाँ प्रारम्भ कीं, लेकिन भारत सरकार से उनका अभी कोई सम्बन्ध वैधानिक रूप से नहीं था। इसी प्रकार पाकिस्तान सरकार का भी वैधानिक और नैतिक-दोनों-रूपों में कबायलियों को कश्मीर भेजने का कोई औचित्य नहीं था। केवल बात यह थी कि पाकिस्तान दुर्बल स्थिति में था

और अत्यधिक हताश भी था। यही कारण था कि जब लार्ड माउन्टबेटन ने पाकिस्तान के तत्कालीन प्रधानमंत्री लियाकत अली खान से उक्त घटनाक्रम के सन्दर्भ में पूछा, तो उन्होंने पहले तो कहा, "कश्मीर के महाराजा ने पाकिस्तान के साथ समझौते के उद्‌देश्य से कोई भी वार्ता करने से या चर्चा तक (भी) छेड़ने से स्पष्ट मना कर दिया था।" उपरान्त उन्होंने यह तर्क दिया, "राज्य के मुसलमानों की स्थिति अत्यन्त ही दयनीय है। (महाराजा ने) पुंछ, मीरपुर और जम्मू सीमा के निकट मुसलमानों की हत्या के लिए आज्ञा देकर गम्भीर स्थिति उत्पन्न कर दी। यह एक ऐसी बात थी कि जिसे कबायली लोग सहन नहीं कर सकते थे; और यही (उनके) आक्रमण का मूल कारण है।"

लियाकत अली खान का उक्त तर्क पूर्णतः असत्यमय था, क्योंकि जब लार्ड माउन्टबेटन ने उनसे कहा कि "यह कैसे सम्भव हो सकता है कि कबायली (अफ्रीदी व महमूदी) पेशावर के उस पार से वाहनों में बैठकर आए हों और आपकी सरकार उससे अनभिज्ञ रही हो", तो लियाकत अली खान हताश होकर अपने बचाव की मुद्रा में आ गए। उपरान्त उन्होंने कहा, "यदि हमने कबायलियों के अपने वाहनों द्वारा आने पर प्रतिबन्ध लगाया होता, तो सीमा प्रान्त में उपद्रव बढ़ जाते।" लेकिन वास्तविकता तो यही थी कि वे सभी पाकिस्तान-प्रायोजित थे और स्वयं जिन्ना ने 1 नवम्बर, 1947 की अपनी उस वार्ता में[1], जो लाहौर में उन्होंने लार्ड माउन्टबेटन से की थी, उक्त वास्तविकता को स्वीकार किया था।

II

निश्चित रूप से जम्मू-कश्मीर राज्य पर आने वाले घोर संकट के बादल मँडरा रहे थे। महाराजा हरि सिंह की सेना, यहाँ तक कि आन्तरिक सुरक्षार्थ उनकी पुलिस भी, सुदृढ़ नहीं थी। दोनों में दुर्बलता का मुख्य

कारण अनेक लोगों का उनसे विमुख हो जाना, अर्थात उन्हें छोड़कर चले जाना रहा था। साथ ही, राज्य की सेना बिखरी हुई थी और पाकिस्तान-प्रायोजित कबायलियों को, पुनः दोहराना चाहूँगा कि जो शस्त्रों से सुसज्जित थे, जिन्हें वाहन उपलब्ध कराए गए थे और जो पाक-सेना के दिशा-निर्देशन में कार्य कर रहे थे, प्रतिकार करने में वह सक्षम नहीं थी।

अचानक कबायलियों के खूंखार आक्रमण प्रारम्भ हुए। उन्होंने एक के बाद दूसरे क्षेत्र पर अधिकार करना प्रारम्भ किया, जिनमें अति महत्त्वपूर्ण गिलगित का वह क्षेत्र भी था, जो सामरिक दृष्टि से राज्य के सबसे महत्त्वपूर्ण ठिकानों में से एक था। यही नहीं, जैसा कि भारतीय सेनाओं के प्रमुखों द्वारा जारी वक्तव्य से स्पष्ट है, 24 अक्टूबर, 1947 को कबायलियों ने मुजफ्फराबाद पर भी, जो आज कल पाकिस्तान के नियंत्रण वाले कश्मीर के भाग की राजधानी है, अधिकार कर लिया;[2] अब राजधानी श्रीनगर पर घोर संकट आने की स्थिति बन गई। ऐसी स्थिति में अपनी इच्छा के विपरीत और, जैसा कि पहले भी कहा है, विवश महाराजा हरि सिंह ने, अन्य देशी-राज्यों के शासकों की भाँति, अपने राज्य के भारत-संघ में विलय से सम्बन्धित प्रस्ताव, अपने पत्र के साथ 26 अक्टूबर, 1947 को तत्कालीन गवर्नर-जनरल को स्वीकृति के लिए भेजा, जिसे गत अध्याय संख्या सात में दिया गया है। शासक के प्रस्ताव को स्वीकार कर लिया गया और महाराजा के निवेदन, एवं साथ ही अपने राज्य के प्रति उत्तरदायित्व, मुख्यतः उसकी सुरक्षा को सुनिश्चित करने के उद्देश्य से, भारत सरकार ने जम्मू-कश्मीर राज्य को बचाने के लिए अपने सशस्त्र बलों को श्रीनगर भेजा। सरदार पटेल स्वयं सैन्य बलों के साथ श्रीनगर गए थे। भारतीय सेना की त्वरित कार्यवाही भी सरदार पटेल के कारण ही हो सकी थी और उस कार्यवाही के कारण ही राज्य का अधिकांश भाग सुरक्षित हो सका था।

III

जम्मू-कश्मीर राज्य का भारतीय संघ के साथ विलय यद्यपि महाराजा हरि सिंह ने अपनी शक्तियों का उपयोग करते हुए किया था और वह पूर्णतः विधिमान्य भी था; लेकिन उस समय के राज्य के घाटी- क्षेत्र के सबसे लोकप्रिय और जनसमर्थन-प्राप्त नेता शेख अब्दुल्ला की भी इस विलय को पूरी-पूरी स्वीकृति थी। वह क्यों? यह पृथक विषय था, जिसकी चर्चा मैं अगले अध्याय में करूँगा। यही नहीं, अपितु जम्मू-कश्मीर राज्य के विलय को भारतीय संघ में स्वीकृति और वहाँ सुरक्षा के लिए भेजे जाने वाले सैन्य बलों की सम्भावना और इस सन्दर्भ में लिए जाने वाले सम्भावित निर्णय हेतु आहूत की गई बैठक में स्वयं शेख अब्दुल्ला तथा उनके साथ बख्शी गुलाम मुहम्मद उपस्थित थे। उपस्थित अन्य लोगों में पण्डित जवाहरलाल नेहरू, सरदार वल्लभभाई पटेल, तत्कालीन भारतीय प्रतिरक्षा मंत्री सरदार बलदेव सिंह, भारत के प्रमुख सेनापति जनरल बुशर और थल सेना प्रमुख जनरल रसेल रहे थे, जबकि स्वयं लार्ड माउन्टटबेटन ने बैठक की अध्यक्षता की थी।

भारतीय सैन्य कार्यवाही से कबायलियों व उनके प्रायोजकों की पराजय तो हुई; वे आगे नहीं बढ़ सके, लेकिन जिन भू-भागों पर उन्होंने अधिकार कर लिया था, उनका क्या किया जाए? यह महत्त्वपूर्ण प्रश्न था। लार्ड माउन्टबेटन ने इस पर भारत सरकार को शान्ति बरतने तथा अधिग्रहित भू-भागों के सम्बन्ध में कोई कार्यवाही न करने की सलाह दी। साथ ही, उन्होंने यह परामर्श भी दिया कि राज्य की जनता की इच्छा को भी जान लेना चाहिए; निःसन्देह जनमत-संग्रह ही एकमात्र उपाय इस सन्दर्भ में हो सकता था। वैधानिक दृष्टि से आवश्यक हो या न हो, लेकिन महत्त्वपूर्ण था। क्यों? इसलिए, क्योंकि पाकिस्तान का कहना था,

"जम्मू-कश्मीर राज्य की जनता पाकिस्तान के साथ ही अपने राज्य का विलय चाहती है। लेकिन जनता की इच्छा को अनदेखा करके वहाँ के शासक ने राज्य का विलय भारत के साथ कर दिया।" यही नहीं, जिन्ना ने विलय को "धोखा" कहा था, जबकि स्थिति दूसरी थी। स्थिति पाकिस्तान की बेबसी की थी। जनमत-संग्रह होता, तो तब भी, उस समय पाकिस्तान को कुछ नहीं मिलता। स्वयं जिन्ना ने इस सत्यता को भी माउन्टबेटन के साथ हुई अपनी वार्ता में स्वीकार किया था।

स्थिति स्पष्ट थी। राज्य के दो प्रमुख क्षेत्रों-जम्मू एवं लद्दाख-की जनता पाकिस्तान के साथ क्यों अपना भाग्य जोड़ती? रही बात घाटी की, जहाँ शेख अब्दुल्ला को जनता का समर्थन प्राप्त था। भारत के साथ विलय की प्रक्रिया में उनका अपना भाग रहा था। इसीलिए जब लार्ड माउन्टबेटन ने जिन्ना के सामने अपनी वार्ता के दौरान उक्त के सम्बन्ध में एक प्रस्ताव रखा, तो उन्होंने उसे नहीं माना। प्रस्तावानुसारः

"जहाँ राज्य का (शासक) राजा उस धर्म-सम्प्रदाय का न हो, जो सम्प्रदाय उसकी प्रजा में बहुमत रखता हो और राज्य उस उपनिवेश के साथ न मिला हो, जिसका बहुसंख्यक सम्प्रदाय वही हो, जो कि राज्य का हो, तो ऐसे प्रत्येक विषय में राज्य के अन्तिम रूप में एक उपनिवेश अथवा दूसरे उपनिवेश के साथ जुड़ने का प्रश्न निष्पक्ष जनमत-संग्रह द्वारा तय किया जाना चाहिए।"

लार्ड माउन्टबेटन ने जिन्ना को यह आश्वासन भी दिया, "उक्त नीति के अनुसार राज्य में शान्ति और सुव्यवस्था के स्थापित होते ही और आक्रमणकारियों से राज्य की भूमि के मुक्त होते ही (भारत सरकार) यह स्वीकार करेगी कि उसके (जम्मू-कश्मीर राज्य) किसी एक उपनिवेश के साथ मिलने का प्रश्न जनता की इच्छा (को) जानकर तय किया जाए।"

जिन्ना का कहना था कि ऐसा जनमत-संग्रह अनावश्यक है। उनका यह भी कहना था कि शेख अब्दुल्ला व भारत सरकार के रहते जनमत-संग्रह में कश्मीरीजन पाकिस्तान के पक्ष में मत नहीं देंगे। स्थिति जो भी हो, भारत सरकार कभी भी माउन्टबेटन के प्रस्ताव को गिरने नहीं देती, लेकिन उसकी शर्त यह थी कि कबायली आक्रमणकारी अधिग्रहित भूमि से पहले वापस चले जाएँ, और वहाँ शान्ति स्थापित हो जाए।

लेकिन यह विडम्बना रही कि श्री जिन्ना ने माउन्टबेटन का प्रस्ताव नहीं माना; माउन्टबेटन के सुझाव कि जनमत-संग्रह को संयुक्त राष्ट्र संघ की देख-रेख में करा लिया जाए, को भी उन्होंने स्वीकृति नहीं दी। श्री जिन्ना को कदाचित् तैयार होना चाहिए था। लार्ड माउन्टबेटन भारत के गवर्नर-जनरल थे, कश्मीर के विषय में उनका भी दृष्टिकोण था और उनका झुकाव इस सन्दर्भ में पाकिस्तान की ओर था, इसलिए मैं नहीं समझता कि उनके रहते पाकिस्तान को आगे किसी शिकायत का कोई अवसर मिलता। लेकिन जिन्ना ने आगे किसी भी शान्ति-प्रस्ताव को मानने के प्रति अरुचि प्रकट की। हाँ, उनकी यह इच्छा अवश्य रही थी कि भारत के प्रधानमंत्री पण्डित नेहरू उनके पास आएँ और कश्मीर पर वार्ता करके उसे उन्हें सौंप दें। यह उन जैसे राजनीतिज्ञ द्वारा की जाने वाली बचकानी बात थी।

तदोपरान्त 1 जनवरी, 1948 को पुनः लार्ड माउन्टबेटन के परामर्श पर कश्मीर का विषय संयुक्त राष्ट्र संघ को सौंपा गया। भारत स्वयं इसमें एक पक्ष बना; सरदार पटेल भारत के इस प्रकार एक पक्ष बनने के हक में नहीं थे।

भारत के संविधान में कश्मीर राज्य को अन्य राज्यों से भिन्न एक विशेष धारा (370) के अन्तर्गत रखा गया।[3] उपरान्त कई बार वार्ताएँ चलीं, लेकिन कोई सार्थक परिणाम उनके माध्यम से सामने नहीं आया और कश्मीर की समस्या, निश्चित रूप से, भारत-पाक सम्बन्धों के मध्य एक गम्भीर मुद्दा है। मैं ऐसा मानता हूँ और सौहार्द की इच्छा से इसके समाधान का पक्षधर भी हूँ। साथ ही, अब राज्य में जो आन्तरिक स्थिति है, जिसमें विशेषकर घाटी क्षेत्र से आतंकवाद, अलगाववाद, पृथक्करण आदि जैसे स्वर उठते हैं, को सुधारने के लिए निश्चित कदम उठाए जाने का पक्षधर भी हूँ।

सन्दर्भः

1. *वार्ता की आख्या के लिए परिशिष्ट संख्या तीन को देखा जा सकता है।*
2. *उन सेनापतियों में जनरल राय बुशर और जनरल रसेल थे, जो अंग्रेज थे।*
3. *भारतीय संविधान की धारा 370, उसके अनुच्छेद 238 की व्यवस्थाएँ जम्मू-कश्मीर राज्य पर लागू होने से रोकती हैं। इस धारा या अनुच्छेद को पूर्ण स्वरूप में जानने के लिए परिशिष्ट संख्या चार को देखा जा सकता है।*

****

अध्याय : बारह

शेख अब्दुल्ला के नेतृत्व में जम्मू-कश्मीर राज्य की सरकार

विभाजन के साथ भारत की स्वतंत्रता के समय शेख अब्दुल्ला कारागार में थे और, जैसा कि उल्लेख किया जा चुका है, नेहरू, पटेल व काँग्रेस के शीर्ष नेतागण उनकी मुक्ति के लिए जम्मू-कश्मीर शासन पर दबाव डाल रहे थे। उसी समय घटनाक्रम परिवर्तित हुआ और कारागार से शेख अब्दुल्ला ने 26 सितम्बर, 1947 को महाराजा हरि सिंह को एक पत्र लिखकर उनके प्रति सम्मान प्रकट किया। पत्र के एक अंश के अनुसारः

"इस दौरान राज्य में कौन-कौन-सी दुर्भाग्यपूर्ण घटनाएँ (घटित) हुईं, उनका उल्लेख करने की मेरे लिए कोई आवश्यकता नहीं है। लेकिन राज्य का हित चाहने वाले प्रत्येक व्यक्ति ने अब यह अनुभव किया है कि अतीत की अनेक घटनाएँ, मुख्यतः उन गलतफहमियों के कारण हुईं, जो अब मुख्य रूप से अपना स्वार्थ सिद्ध करने वाले लोगों द्वारा जानबूझकर उत्पन्न की गईं प्रतीत होती हैं।"

अपने पत्र में शेख अब्दुल्ला ने राज्य के उस समय के प्रधानमंत्री पण्डित रामचन्द्र काक को गलतफहमियाँ उत्पन्न करने के लिए दोषी ठहराया, उनकी आलोचना की और आगे लिखाः

"भूतकाल में जो कुछ हुआ, उसके उपरान्त (अब) मैं श्रीमान् को यह विश्वास दिलाता हूँ कि मेरे या मेरे दल (नेशनल कॉंफ्रेंस) ने आपके

लिए, राज सिंहासन के लिए अथवा आपके वंश के लिए, कभी भी असहानुभूति की भावना नहीं रखी है। ... मैं एक बार पुनः श्रीमान् को अपनी सच्ची और पक्की वफादारी का विश्वास दिलाना चाहता हूँ और ईश्वर से प्रार्थना करता हूँ कि वे श्रीमान् की छत्रछाया में इस राज्य को ऐसी शान्ति, समृद्धि और सुराज्य प्राप्त करने का अवसर दें, जो अनोखा हो और अन्यों के लिए अनुकरणीय आदर्श सिद्ध हो सके।"[1]

इसी बीच पण्डित रामचन्द्र काक जम्मू-कश्मीर राज्य के प्रधानमंत्री नहीं रहे और उनके स्थान पर न्यायमूर्ति मेहरचन्द महाजन वहाँ के प्रधानमंत्री बन गए। शेख अब्दुल्ला कारागार से मुक्त हो गए। साथ ही महाराजा हरि सिंह ने शेख के अन्य समस्त साथियों को भी क्षमादान देते हुए कारागारों से छोड़े जाने का आदेश दिया। यह कार्यवाही, निश्चित रूप से, शेख अब्दुल्ला और शासक महाराजा हरि सिंह के मध्य तालमेल स्थपित करने के लिए अच्छे प्रारम्भ की प्रतीक थी। स्वयं पण्डित जवाहरलाल नेहरू और सरदार पटेल की ऐसी ही सोच रही थी, क्योंकि भारत के ये दोनों सबसे बड़े नेता, जो सरकार का संचालन कर रहे थे, यह मानते थे कि जम्मू और कश्मीर राज्य में शान्ति के लिए, वहाँ कानून तथा व्यवस्था बनाए रखने के लिए एवं उसे कठिनाइयों से निकालने के लिए शेख अब्दुल्ला का सहयोग, उनकी सहायता और शासक के साथ उनका तालमेल आवश्यक था। 2 अक्टूबर, 1947 को महाराजा हरि सिंह को लिखे अपने पत्र में सरदार पटेल ने इस सन्दर्भ में उल्लेख करते हुए कहाः

"शेख अब्दुल्ला शीघ्र ही दिल्ली आएँगे और उनकी ओर से आपको जिन कठिनाइयों का सामना करना पड़ता है, उनका सन्तोषप्रद हल ढूँढने का प्रयत्न (भी) करेंगे। ... आपने सबको क्षमादान करने की जो

घोषणा की है, उससे हमें अपार हर्ष हुआ है। मुझे (इसमें कोई) सन्देह नहीं है कि आपके इस कदम से वे लोग आपके निकट आयँगे, जो अन्यथा आपके लिए बाधा सिद्ध होते थे।"

II

महाराजा हरि सिंह ने 26 अक्टूबर, 1947 को जो पत्र राज्य के भारतीय संघ में विलय के अभिलेख के साथ गवर्नर-जनरल लार्ड माउन्टबेटन को भेजा था, उसमें उन्होंने उल्लेख किया था कि उनका इरादा तुरन्त ही शेख अब्दुल्ला के नेतृत्व में एक अन्तरिम सरकार की स्थापना करने का है। इसी के अनुरूप राज्य के संघ में विलय और भारतीय सैन्य कार्यवाही के उपरान्त शेख अब्दुल्ला को अन्तरिम रूप से जम्मू-कश्मीर राज्य की सत्ता सौंपी गई। पुनः इस कार्य में भारत सरकार ने अपनी भूमिका का निर्वाह किया, जैसा कि एन० गोपालास्वामी आयंगर द्वारा 9 दिसम्बर, 1947 को महाराजा हरि सिंह को लिखे पत्र और उसके पूर्व 1 दिसम्बर, 1947 को स्वयं पण्डित नेहरू द्वारा (भी) महाराजा को लिखे पत्र से स्पष्ट होता है। जहाँ पण्डित नेहरू ने अपने पत्र द्वारा राज्य के लोगों की सद्भावना पर विजय पाते हुए और निश्चित रूप से उनको सत्ता में भागीदार बनाते हुए आगे बढ़ने की राय उन्हें दी, वहीं एन० गोपालास्वामी आयंगर ने सुझाए गए 11 सूत्रों के साथ अपने पत्र में महाराजा को तुरन्त कार्यवाही करते हुए सत्ता को शेख को सौंपने का उन्हें स्मरण कराया। उनके पत्र के पहले दो सूत्रों के अनुसारः

"(1) आज के संकटकालीन प्रशासन तथा बने हुए मंत्रिमण्डल[2] के स्थान पर 'जम्मू और कश्मीर के संविधान' के अन्तर्गत एक मंत्रिपरिषद के रूप में संयुक्त अन्तरिम सरकार की स्थापना की जाए; और

"(2) शेख अब्दुल्ला को प्रधानमंत्री नियुक्त किया जाए और दूसरे (सभी) मंत्री उनके परामर्श से (ही) पसन्द किए जाएँ।

सत्ता सँभालने से पूर्व अक्टूबर और नवम्बर, 1947 में अनेक बार शेख अब्दुल्ला ने भारत सरकार और महाराजा हरि सिंह-दोनों-को आश्वस्त किया कि वे और उनके साथी व सहयोगी भारत-संघ में मिलने का निर्णय ले चुके हैं। पण्डित द्वारकानाथ काचरू और न्यायमूर्ति मेहरचन्द महाजन-दोनों-की आख्याओं से, जो समय-समय पर उन्होंने अपने पत्रों के माध्यम से भारत सरकार व केन्द्रीय नेतृत्व को भेजीं, उक्त बात की पुष्टि होती है। लेकिन अन्तरिम रूप में सत्ता को सँभालने के तुरन्त बाद शेख अब्दुल्ला का कार्य करने का ढंग और उनकी नीति में परिवर्तन आना प्रारम्भ हो गया। उन्होंने महाराजा हरि सिंह के प्रति अपनी व्यक्तिगत शत्रुता को फिर से उजागर करना प्रारम्भ कर दिया, और महाराजा के निर्णयों को भी उलटना प्रारम्भ कर दिया।

दिसम्बर माह में ही राज्य के उच्च न्यायालय के कार्य को बाधित किया गया; मुख्य न्यायाधीश की माँग पर, 'कि न्यायालय जम्मू में खुले', कार्यवाही नहीं की गई। यही नहीं, न्यायपालिका में प्रशासनिक हस्तक्षेप की घटनाएँ सामने आने लगीं, जो विधिसंगत नहीं थीं। महाराजा के अन्तर्गत कार्यरत रहे अधिकारियों को बड़े पैमाने पर निलम्बित कर उन्हें कारागारों में भेजा गया। इनमें जम्मू-क्षेत्र के गर्वनर भी थे। शीतकाल में राज्य के जो प्रशासनिक कार्यालय जम्मू आ जाते थे, उन्हें महाराजा की अवहेलना करते हुए, वहाँ नहीं लाया गया और उनके प्रशासनिक आदेशों की धज्जियाँ उड़ाई गईं।

लेकिन इस सम्बन्ध में जो सबसे गम्भीर बात हुई, और जिसका बाद के समय में, तथा आज तक भी, प्रत्यक्ष व अप्रत्यक्ष रूप से, राज्य

में उत्पन्न हुई गम्भीर स्थिति के निर्माण में महत्त्वपूर्ण भाग रहा है, वह थी उन अधिकारियों को उस समय बने रहने देना, जो एक पक्षीय रूप से पाकिस्तान समर्थित थे; और जिनके लिए कश्मीर व उसके निवासियों के भले का प्रश्न तो गौण था, लेकिन पाकिस्तान का हित सर्वोच्च था। इसी के साथ भारतीय सैन्य कार्यवाही के पूर्व राज्य में आए आक्रमणकारियों में से कुछ उन, जो वहाँ कार्यवाही के बाद रह गए थे, के प्रति नरमी बरती गई और उनके आश्रयदाता स्थानीय लोगों को ढील दी गई। उस सबसे भले ही प्रारम्भिक दौर में कोई बड़ा घटनाक्रम सामने न आया हो, लेकिन उसने राज्य की स्थिति पर दूरगामी प्रभाव अवश्य ही डाला।

महाराजा हरि सिंह और शेख अब्दुल्ला के मध्य सत्ता के अधिकार के प्रश्न पर भी लम्बा संघर्ष चला और अन्ततः, जैसा कि इतिहास साक्षी है, महाराजा को अपना राज्य छोड़कर ही जाना पड़ा था। यह दुर्भाग्यपूर्ण था। ऐसी स्थिति न तो निजाम हैदराबाद के लिए उत्पन्न हुई थी और न ही नवाब भोपाल के लिए। विशेषकर निजाम हैदराबाद ने जिस तरह भारतीय संघ को चुनौती दी थी और जिस तरह हैदराबाद की जनता पर उनके सत्ता में रहते हुए अत्याचार हुए थे, वे कश्मीरवासियों पर हुए अत्याचारों से कम नहीं थे। लेकिन भारतीय सैन्य कार्यवाही के बाद निजाम के प्रति कोई दुर्भावना वहाँ की सरकार ने नहीं रखी थी।

भारतीय स्वतंत्रता के लिए कार्यरत नेताओं की प्रतिबद्धता 'कि देश के सभी लोगों को, वे आम हों या खास, समान रूप से सत्ता में भागीदार बनाया जाएगा', के अनुसार कश्मीरीजन भी उसके पूरे-पूरे अधिकारी थे। इसीलिए वहाँ भी राजशाही का अन्त और लोकप्रिय सरकार का गठन आवश्यक था। यही नहीं, कश्मीरी लोग भारतीय स्वतंत्रता अधिनियम के प्रावधानानुसार, अपनी इच्छा से किसी भी

उपनिवेश के साथ, वह भारत हो या पाकिस्तान, जुड़ने का अधिकार रखते थे। भारत की जो भी इच्छा हो; पाकिस्तान चाहे जो कामना रखता हो, अन्ततः तो इच्छा जनता की ही सर्वोच्च रखनी चाहिए थी। और इस हेतु उसी समय निष्पक्ष जनमत-संग्रह श्रेष्ठतम उपाय था, जो नहीं हुआ। ऐसा न होने के लिए शेख अब्दुल्ला स्वयं दोष मुक्त नहीं हो जाते हैं। मेरी दृष्टि में उन्होंने राज्य की जनता, विशेषकर घाटी के लोगों को अंधेरे में रखा; भारत और पाकिस्तान-दोनों-पक्षों को बनाया। शेख अब्दुल्ला, जैसा कि उनकी अन्तरिम सत्ता की स्थापना के बाद के समस्त घटनाक्रम से निश्चित आभास मिलता है, यह चाहते थे कि महाराजा कश्मीर से विदा हों, और वे सदा के लिए कश्मीर के शासक बन जाएँ; उनके बाद उनके वंशजों के अधीन कश्मीर राज्य रहे। और कश्मीर राज्य का स्थायी रूप से विलय न तो भारत के साथ हो और न ही पाकिस्तान के साथ। यह बात वैसी ही थी, जैसी कि महाराजा हरि सिंह किया करते थे।

अपनी उक्त अभिलाषा की पूर्ति के लिए उन्होंने बारम्बार पण्डित जवाहरलाल नेहरू को उद्धृत करते हुए यह भी कहा कि वे (नेहरू) स्वयं मानते रहे हैं कि महाराजा ने जो विलय 26 अक्टूबर, 1947 को अपने हस्ताक्षरों से किया था, वह अस्थायी था। यही नहीं, शेख अब्दुल्ला ने विलय के बाद लाहौर में पण्डित नेहरू व लियाकत अली खान के मध्य कश्मीर-प्रश्न पर हुई वार्ता को भी उद्धृत किया। इस सन्दर्भ में 14 अप्रैल, 1949 को 'स्कॉटमैन' के प्रतिनिधि माइकल डेविडसन से भेंट के दौरान शेख अब्दुल्ला ने जो कुछ कहा, उससे उनकी मानसिकता की पूर्णतः स्पष्टता होती थी। शेख ने कहाः

"... किसी भी उपनिवेश के साथ (कश्मीर के) जुड़ने से शान्ति नहीं हो सकेगी। हम दोनों उपनिवेशों के साथ मित्रता से रहना चाहते हैं।

कदाचित् ऐसा करने का एक मात्र उपाय होगा दोनों के साथ आर्थिक सहयोग रखते हुए बीच का रास्ता अपनाना। परन्तु स्वतंत्र कश्मीर की प्रत्याभूति न केवल भारत एवं पाकिस्तान को, अपितु इंग्लैण्ड, अमरीका और संयुक्त राष्ट्र संघ के अन्य सदस्यों को भी देनी चाहिए ...।"

पण्डित जवाहरलाल नेहरू के बारे में उन्होंने कहा, "जब राज्य पर आए संकट के दिनों में महाराजा के सम्मिलन के प्रस्ताव को स्वीकार किया गया, तब पण्डित नेहरू ने बल देकर कहा था कि यह सम्मिलन अन्तरिम है और कश्मीर के लोगों को बाद में इसका निर्णय करना चाहिए।"

सत्ता में आने से पूर्व जो विश्वास शेख अब्दुल्ला ने महाराजा हरि सिंह में व्यक्त किया था, जिस प्रकार महाराजा के साथ मिलकर भारतीय संघ के अधीन जम्मू-कश्मीर राज्य के विकास के प्रति उन्होंने अपनी प्रतिबद्धता प्रकट की थी, उससे वे एक-एक करके पीछे हटते रहे। भारत को दिलाए गए विश्वास से, 'कि वे उसी (भारत) के साथ राज्य के विलय को चाहते हैं', वे दूर होते गए। संविधान सभा में अपने तीन कश्मीरी प्रतिनिधियों के माध्यम से उन्होंने उन व्यवस्थाओं के प्रावधानों के लिए निरन्तर प्रयास किया, जो उनकी उक्त वर्णित अभिलाषा की पूर्ति में सहायक हों। यही कारण था कि वे तनिक भी ऐसा कुछ करने या स्वीकारने को तैयार नहीं थे, जो उनके पक्ष को दुर्बल करता हो। उदाहरणार्थ, संविधान के अनुच्छेद 370 की व्यवस्था से पूर्व अनुच्छेद 306-अ के प्रस्तावित प्रावधानों को, जो कश्मीर के महाराजा, उनकी उस समय की मंत्रिपरिषद, जिसके परामर्श पर ही महाराजा को कार्य करना था न कि अपने विवेक से; राज्य के लोगों की नागरिकता, मूल-अधिकारों

और भारतीय संविधान की उन अन्य व्यवस्थाओं के वहाँ के लोगों पर भी समान रूप से लागू होने, जो कि भाग 2, 3 और 4 में वर्णित हैं, एक बार शेख अब्दुल्ला द्वारा स्वीकार कर लिए जाने के बाद भी, उनके निर्देश पर उनके दल ने उन्हें अस्वीकार कर दिया था। परिणामस्वरूप अनुच्छेद 306-अ को संविधान में सम्मिलित करने से पूर्व एन०गोपालास्वामी आयंगर ने पुनः संशोधित किया[3] और शेख अब्दुल्ला को उनकी स्वीकृति के लिए भेजा, लेकिन उसे भी उन्होंने स्वीकार नहीं किया। अन्ततः अनुच्छेद 370 का प्रावधान हुआ था।

शेख अब्दुल्ला की उक्त वर्णित नीति के अनेक अन्य उदाहरण भी हैं, जिन्हें उस समय के सारे घटनाक्रम के माध्यम से देखा जा सकता है; और फिर अन्ततः 1953 के घटनाक्रम से, जब उन्हें सत्ता से हटाकर बन्दी बनाया गया, उनकी कश्मीर की समस्या को उलझाने तथा महाराजा के समान ही अपना एक पृथक दृष्टिकोण रखने की बात को स्पष्टतः समझा जा सकता है।

यद्यपि महात्मा गाँधी स्वयं शेख अब्दुल्ला की गतिविधियों के प्रति शंका रखते थे, लेकिन सरदार पटेल तो उनके कार्यकलापों से, जो 1949 में उन्होंने अन्जाम दिए, खिन्न हो गए थे। सरदार ने तीन नवम्बर, 1949 को पण्डित नेहरू को इसीलिए लिखा भी था, "शेख अब्दुल्ला... कश्मीर-सम्बन्धी व्यवस्था के विषय में किए गए समझौते से पीछे हट गए हैं।" यही नहीं, महाराजा हरि सिंह के प्रति शेख अब्दुल्ला के व्यवहार से, विशेष रूप से सार्वजनिक स्तर पर उनकी आलोचना से, सरदार पटेल अप्रसन्न थे। उन्होंने शेख अब्दुल्ला को अपने एक पत्र में लिखा था:

"आपने अपनी इच्छा से हमें अवगत कराने से पूर्व (ही) महाराजा के विरुद्ध अपनी तथाकथित शिकायतों को प्रकट करने के लिए सार्वजनिक मंच खोजा और ऐसे विचार व्यक्त किए, जो हमें (भी) परेशान किए बिना नहीं रह सकते हैं।"

यही नहीं, सरदार वल्लभभाई पटेल ने स्पष्टतः शेख अब्दुल्ला को यह भी लिखाः

"आपकी स्थिति कुछ ऐसी विचित्र लगती है कि अन्य अनेक लोगों की भाँति हमने ... भी आपको गलत (रूप में) समझा है।" और, "आपने जो दृष्टिकोण अपनाया है, उससे (राज्य की) परिस्थितियाँ सुधरेंगी नहीं; इसके विपरीत वह उन्हें अधिक बिगाड़ेगा और गम्भीर बनाएगा।"

लेकिन अन्ततः पण्डितजी भी उनके दृष्टिकोण और कार्यप्रणाली से, जो शंकास्पद थी और कठिनाइयों को खड़ी करने वाली भी, खिन्न हो गए। उन्हीं के प्रधानमंत्री रहते हुए 1953 में शेख अब्दुल्ला गुलमर्ग से भागते हुए बन्दी बनाए गए थे।

सन्दर्भः

1. *पत्र के विस्तार के लिए परिशिष्ट संख्या पाँच को देखें।*
2. *महाराजा के।*
3. *अनुच्छेद 306-अ के संशोधित अभिलेख के लिए देखिएगा परिशिष्ट छः को।*

*****

अध्याय : तेरह

भारत-पाक के मध्य कश्मीर राज्य और शेख अब्दुल्ला की सत्ता में वापसी तक का घटनाक्रम

यद्यपि महाराजा हरि सिंह ने अपने अधिकारों का प्रयोग करते हुए ही जम्मू-कश्मीर राज्य का भारत-संघ में विलय किया था; और शेख अब्दुल्ला व उनके दल नेशनल कॉँफ्रेंस का उस समय महाराजा के निर्णय को पूरा समर्थन था, लेकिन फिर भी पाकिस्तान को विलय-प्रक्रिया से, जैसा कि पीछे उल्लेख किया गया है, भारी असन्तोष था। विरोधस्वरूप जिन्ना, पाकिस्तान के तत्कालीन प्रधानमंत्री लियाकत अली खान और वहाँ के अन्य नेताओं का यह कहना रहा था कि विलय-प्रक्रिया में राज्य की जनता की सहमति नहीं थी; और जूनागढ़ सहित अन्य राज्यों की ही भाँति, जहाँ शासक व जनता दो भिन्न-भिन्न धर्म-सम्प्रदायों से जुड़े हों, कश्मीर में भी अन्ततः अपने भाग्य का निर्णय जनता को ही करना चाहिए। सैद्धान्तिक रूप से यह बात सही भी थी, लेकिन जिन्ना व्यावहारिक रूप में, स्वयं लार्ड माउन्टबेटन के राज्य में जनमत-संग्रह के प्रस्ताव से सहमत नहीं हुए थे। जिन्ना हतोत्साहित थे और भारत सरकार तथा शेख अब्दुल्ला, दोनों, की उपस्थिति में राज्य में किसी सच्चे जनमत-संग्रह के प्रति आशंकित थे। लेकिन मैं पुनः दोहराना चाहूँगा कि यदि उस समय ऐसा हो गया होता, तो बहुत अच्छा रहता।

जहाँ तक जम्मू और कश्मीर राज्य की स्थिति की तुलना जूनागढ़ अथवा हैदराबाद से किए जाने की थी, उसका कोई औचित्य ही नहीं था। जूनागढ़ के शासक मुसलमान थे और वहाँ की जनता हिन्दू थी। यह ठीक उसी प्रकार से था जैसे कि कश्मीर में, जहाँ शासक हिन्दू थे और जनता में बहुमत मुसलमानों का था। लेकिन दोनों राज्यों की स्थिति एक-दूसरे के एकदम विपरीत थी। जूनागढ़ से पाकिस्तान की सीमा सैकड़ों मील दूर थी, जबकि कश्मीर की सीमा से एक ओर अगले ही कदम पर पाकिस्तान था, तो उसी प्रकार दूसरी ओर भारत था। ऐसे में जूनागढ़ के शासक का अपने राज्य का पाकिस्तान के साथ विलय करने का कोई औचित्य ही नहीं था। स्वयं जिन्ना के शब्दों में:

"जूनागढ़ को पाकिस्तान में मिलाने का कोई अर्थ नहीं है... जूनागढ़ के (पाकिस्तान के साथ) सम्मिलन को स्वीकार करने के मैं अत्यन्त विरुद्ध था। सत्यता (तो) यह थी कि मैं लम्बे समय तक इसका विरोध करता रहा, लेकिन अन्त में नवाब और उनके दीवान[1] के आग्रह भरे अनुरोधों के कारण (ही) उसे स्वीकार करना पड़ा।"

परन्तु फिर भी यदि जूनागढ़ के नवाब ने राज्य का विलय पाकिस्तान के साथ करने का निर्णय लिया, तो सिद्धान्तः उन्हें ऐसा करने का उसी प्रकार से अधिकार था, जैसे कि महाराजा हरि सिंह को था। अब यदि कश्मीरी जनता यह नहीं चाहती थी कि उनके राज्य का विलय भारत के साथ हो, तो निश्चित रूप से उसे अपने शासक के निर्णय के विरोध में तभी सड़कों पर उतरना चाहिए था, क्योंकि जूनागढ़ में ऐसा ही हुआ था। वहाँ साँवलदास गाँधी के नेतृत्व में जनता सड़कों पर आ गई थी। इसी कारण शासक को अपना निर्णय बदलना पड़ा था। कश्मीर में ऐसा नहीं हुआ था, वहाँ न तो जनता की ओर से और न ही उसके उस समय के वास्तविक नेता की ओर से महाराजा के निर्णय का विरोध हुआ।

हैदरबाद की स्थिति की भी तुलना कश्मीर से कैसे की जा सकती थी? हैदराबाद के निजाम ने अपनी स्वतंत्र सत्ता की कल्पना की थी, उसी प्रकार जैसे कि महाराजा कश्मीर ने। लेकिन अपने राज्य के पाकिस्तान के साथ विलय का कोई प्रस्ताव उन्होंने नहीं किया था। ऐसा करने का कोई औचित्य भी नहीं था। स्वयं जिन्ना ने इस सम्बन्ध में कहा थाः

"मैं सोच भी नहीं सकता कि पाकिस्तान और हैदराबाद के मध्य कोई ऐसी बातें हैं, जो (उनके बीच) समझौते का आधार बन सकती हों। ... मैंने (तो) निजाम के साथ किसी भी प्रकार के समझौते की कोई चर्चा ही नहीं की है।"

हाँ, इतना अवश्य था कि अपने राज्य की जनता के, जिसमें विशाल बहुमत हिन्दुओं का था, उत्तरदायी शासन के लिए निरन्तर बढ़ते दबाव के कारण, तथा भारत सरकार के राज्य के सम्मिलन को शीघ्र तय करने के दबाव के चलते निजाम या उनके सहयोगियों, साथियों व समर्थकों ने पाकिस्तान के साथ राज्य के विलय की धमकियाँ दी थीं, जिन्ना ने स्वयं इस बात का भी खुलासा करते हुए कहा थाः

"निजाम मानो धमकी (मात्र ही) दे रहे हैं। मेरा उससे कोई सम्बन्ध नहीं है।"

इस प्रकार जूनागढ़ या हैदराबाद की स्थिति व कश्मीर की स्थिति के मध्य भारी अन्तर था। लेकिन, तो भी, यदि जिन्ना ने या पाकिस्तान सरकार ने कश्मीर के प्रश्न के साथ उक्त दोनों राज्यों—जूनागढ़ व हैदराबाद—को जोड़ने की बात की हो, तो वह केवल अपने पक्ष को बल प्रदान करने का प्रयास ही हो सकता था। वास्तविकता उसमें फिर भी नहीं थी, स्वयं जिन्ना ने जैसा कि स्वीकार भी किया था।

II

जम्मू-कश्मीर राज्य की भिन्न परिस्थितियों के बावजूद और महाराजा के भारतीय संघ में अपने को प्राप्त अधिकारों के अन्तर्गत उसके विलय के बाद भी, भारत की ओर से राज्य को विशेष दर्जा दिए जाना स्वयं इस बात की पुष्टि करता था, और करता है, कि वह राज्य दूसरे राज्यों से भिन्न है। साथ ही, पण्डित नेहरू का राज्य के सम्मिलन को अस्थायी कहना और जनता की इच्छा को जानने का मत व्यक्त करना भी यह आभास देता था कि राज्य, न्यूनाधिक, विवादास्पद क्षेत्र है। तीसरे, पाकिस्तान के ही साथ, एक पक्ष के रूप में भारत का संयुक्त राष्ट्र संघ में जाना, स्थिति के विवादित होने की पुष्टि करता था। और फिर राज्य का जो लगभग एक तिहाई भाग पाकिस्तानी कबायलियों द्वारा घुसपैठ के समय अधिकार में ले लिया गया, उसका पाकिस्तान के पास ही रहना स्पष्ट करता है कि कश्मीर दोनों देशों के मध्य विवाद का एक बड़ा मुद्‌दा है और उसे हल करने के लिए दोनों देशों को भी आगे आना ही होगा।

1947 के बाद (भी) 1965 और 1971 में भारत और पाकिस्तान के मध्य हुए दो बड़े युद्धों में कश्मीर अछूता नहीं रहा है। 1966 के जनवरी माह में ताशकंद में हुए समझौते और 1972 में हुए शिमला समझौते में भी कश्मीर का उल्लेख हुआ था, उसकी स्थिति पर चर्चा भी हुई थी। यह सब इसीलिए हुआ था, क्योंकि वह राज्य स्वयं भारत के लिए एक बड़ी तथा चुनौतीपूर्ण समस्या है। वह समस्या समाधान चाहती है।

III

भारतीय संविधान के अनुच्छेद 370 के प्रावधानों के अनुसार विशेष स्तर रखने के कारण शेख अब्दुल्ला के शासनकाल के दौरान जम्मू-कश्मीर राज्य ने अपनी एक अलग से संविधान सभा बनाई, राज्य के प्रशासन के संचालन के लिए विधान तैयार किया तथा उसे लागू किया। उसी संविधान सभा ने 14 नवम्बर, 1952 को युवराज कर्ण सिंह को अपना पहला राज्याध्यक्ष (सदर-ए-रियासत) निर्वाचित किया।

शेख अब्दुल्ला के बाद अगस्त, 1953 में बख़्शी गुलाम मुहम्मद राज्य की सरकार के प्रमुख बने थे और इनके कार्यकाल में जम्मू-कश्मीर राज्य की शेख अब्दुल्ला के समय में बनी उक्त वर्णित संविधान सभा ने 26 नवम्बर, 1956 को सर्वसम्मति से निर्णय लेकर राज्य का अन्तिम रूप से भारत के साथ विलय कर दिया। राज्य की संविधान सभा ने पाकिस्तान के अधिकार वाले भाग के लिए राज्य विधान सभा में स्थानों को सुरक्षित किया था। इस सर्वसम्मति से पारित प्रस्ताव को भारत ने स्वीकार किया, और परिणामस्वरूप 27 जनवरी, 1957 से भारतीय संविधान के प्रावधान जम्मू-कश्मीर राज्य पर भी लागू हो गए, लेकिन साथ ही अनुच्छेद 370 भी बना रहा।

वर्ष 1975 तक उक्त अनुच्छेद के बने रहने के बावजूद कश्मीरी जनता शेष भारत की जनता की ही भाँति समस्त चुनावों में, वे लोकसभा के लिए हों, या स्वयं वहाँ की विधान सभा के लिए, अथवा स्थानीय निकायों के लिए, निरन्तर भाग लेती रही। राज्य को संसद के उच्च सदन, राज्यसभा, में नियमानुसार प्रतिनिधित्व मिला, और अभी भी मिलता है। जम्मू-कश्मीर के विधान-मण्डल में उच्च सदन, अर्थात विधान परिषद भी है, और उसके गठन में भी जनता की अप्रत्यक्ष रूप से उसी प्रकार से

भूमिका है, जैसे कि अन्य राज्यों, जहाँ भी विधान परिषदें अस्तित्व में हैं, की जनता की अपने-अपने राज्यों में है।

बख्शी गुलाम मुहम्मद अनेक वर्षों तक जम्मू-कश्मीर की राज्य सरकार के प्रमुख रहे और उनके निधनोपरान्त गुलाम मुहम्मद सादिक, फिर सैय्यद मीर कासिम जैसे लोग वहाँ के मुख्यमंत्री बने। इस काल में राज्य का आन्तरिक वातावरण कुल मिलाकर ठीक-ठाक ही रहा और देश-विदेश से हजारों की संख्या में पर्यटक प्रतिवर्ष कश्मीर में आते रहे; राज्य के इस पमुख पर्यटन उद्योग को विकसित बनाते रहे। इसी के साथ-साथ आन्तरिक रूप में साम्प्रदायिक सौहार्द भी कुल मिलाकर बना रहा; कोई गम्भीर और साम्प्रदायिक सद्भाव को बिगाड़ने वाली घटना घटित नहीं हुई। बाह्य दृष्टिकोण से देखें, तो पाकिस्तान यदा-कदा कश्मीर के प्रश्न को अन्तर्राष्ट्रीय मंचों पर और भारत के साथ द्विपक्षीय वार्ताओं के समय अवश्य ही उठाता रहा था।

IV

लगभग 22 वर्षों तक सत्ता से बाहर रहने, और साथ ही नजरबन्द रहने के बाद शेख अब्दुल्ला एक परिवर्तित राजनीतिक घटनाक्रम के चलते 25 फरवरी, 1975 को पुनः राज्य के मुख्यमंत्री बने। श्रीमती इन्दिरा गाँधी उस समय सत्ता में थीं और काँग्रेस दल ने शेख अब्दुल्ला को पुनः पदासीन होने में सहयोग दिया था। सैय्यद मीर कासिम उस समय राज्य के मुख्यमंत्री थे, जिनसे त्यागपत्र दिलाकर और उन्हें केन्द्र सरकार में लेकर, शेख अब्दुल्ला को सत्ता सौंपी गई थी। इस प्रक्रिया के पीछे 13 नवम्बर, 1974 को नई दिल्ली में श्रीमती इन्दिरा गाँधी के प्रतिनिधि जी0 पार्थसारथी और शेख अब्दुल्ला के प्रतिनिधि मिर्जा अफजल बेग द्वारा हस्ताक्षर किया गया एक समझौता था। समझौते की शर्तों में

सर्वप्रमुख जम्मू और कश्मीर राज्य को भारत के संघ की एक संवैधानिक इकाई स्वीकार करते हुए, उसके संघ के साथ सम्बन्धों का आधार अनुच्छेद 370 को ही बनाए रखने की शर्त थी। इसके अतिरिक्त राज्य के लिए कानून बनाने की संसद की शक्तियों, भारत की सम्प्रभुता की अक्षुण्णता और राष्ट्रध्वज व भारतीय संविधान के प्रति सम्मान जैसी बातों का उल्लेख था। राज्य के लिए नियुक्त होने वाले राज्यपाल के अधिकारों, कर्तव्यों और विशेषाधिकारों, भारत के चुनाव आयोग आदि की भूमिका से जुड़ी बातों का खुलासा था। पूरे समझौते को मैं परिशिष्ट संख्या सात में दे रहा हूँ। यहाँ विशेष रूप से उल्लेखनीय बात यह थी कि शेख अब्दुल्ला ने वर्ष 1953 से पूर्व की राज्य की स्थिति की बहाली की जो माँग की थी, उसे भारत सरकार ने मान्यता नहीं दी। शेख अब्दुल्ला चाहते थे, और उनकी यह माँग भी रही थी, कि राज्य की सरकार के प्रमुख को मुख्यमंत्री के स्थान पर प्रधानमंत्री और राज्यपाल के स्थान पर सदर-ए-रियासत, जैसे पहली स्थिति थी, को दोबारा स्थापित किया जाए।

सन्दर्भः

1. ***यद्यपि, जैसा कि हम जानते हैं, महाराजा हरि सिंह द्वारा राज्य के भारतीय संघ में विलय के समय से, और स्वयं शेख अब्दुल्ला के शासन के दिनों से ही कुछ अलगाववादी तत्त्व जम्मू-कश्मीर राज्य में मौजूद रहे थे; तथा पाकिस्तान की ओर झुकाव रखने वाले लोग भी वहाँ उपस्थित थे।***

****

अध्याय : चौदह

शेख अब्दुल्ला के बाद से वर्तमान तक

जम्मू-कश्मीर राज्य की सत्ता में शेख अब्दुल्ला की दूसरी अवधि पहली (1947-1953) से बिल्कुल अलग थी। दूसरी अवधि (1975-1982), जो पहले से लगभग एक वर्ष अधिक रही थी, में शेख अब्दुल्ला की उस हार्दिक इच्छा का, जिसमें वे राज्य का उपयोग अपने और अपने उत्तराधिकारियों के लिए करने को तत्पर थे, पूर्णतः खुलासा होता दिखाई देता था। इसी अवधि में उनका भारत सरकार और श्रीमती इन्दिरा गाँधी से टकराव, राज्य के साम्प्रदायिक सौहार्द में गिरावट का क्रम और स्वयं सत्ता के लिए उनके उत्तराधिकारियों में टकराव से जुड़ा घटनाक्रम भी सामने आया था। इस घटनाक्रम पर हम अपनी दृष्टि डालें, उससे पहले मैं एक अन्य रोचक बात को रखना चाहूँगा। बात यह कि शेख अब्दुल्ला ने 1975 में पुनः सत्ता में लौटने से पूर्व भारत (सरकार) को यह विश्वास दिलाया कि वे "एकता और पूर्णतः धर्मनिर्पेक्षता के लिए कार्य करेंगे।" इसका सीधा-सा अर्थ यह था कि भारत की एकता के प्रति वे गम्भीर हैं तथा जम्मू और कश्मीर राज्य के समस्त धर्म-सम्प्रदायों को साथ लेकर चलने में (ही) उनका विश्वास है। इस विश्वास को 26 सितम्बर, 1947 को उनके द्वारा महाराजा हरि सिंह को लिखे गए पत्र के माध्यम से दिए गए आश्वासनों से समान रूप में मापा जा सकता है। जैसा कि विदित है, महाराजा को अनेक आश्वासन देने के बाद सत्ता में आते ही

शेख अब्दुल्ला एक के बाद दूसरे आश्वासन से मुकरते गए थे। यही नहीं, पण्डित नेहरू से किए गए वायदों और राज्य के भारत-संघ में सम्मिलन के समय प्रकट की गई अपनी वचनबद्धता से भी वे दूर होते गए थे। इसी प्रकार, अब जो विश्वास उन्होंने 1975 में सत्तारूढ़ होने से पहले भारत सरकार को दिलाया, उसमें भी निरन्तर उनके शासन सँभालने के बाद कमी आती गई थी।

सर्वप्रथम बात शेख अब्दुल्ला के शासन की दूसरी अवधि के समय के भाई-भतीजावाद के बारे में। उन्होंने स्वयं अपनी पत्नी बेगम अकबर जहाँ, दोनों पुत्रों व पुत्र-वधुओं, अपने दामाद और उनके बालकों सहित अनेक दूसरे सम्बन्धियों को सरकारी, अर्धसरकारी और सार्वजनिक उपक्रमों में रखा अथवा रखवाया; उनके लिए बड़ी-बड़ी सुविधाएँ और उच्च वेतनमान उपलब्ध कराए। राज्य के आमजन, वे हिन्दू-सम्प्रदाय से हों या मुस्लिम से, अथवा किसी तीसरे से, के प्रति यह अन्याय था और भेदभाव की नीति का अनुसरण था। साथ ही, जम्मू-कश्मीर जैसे राज्य में, जिसमें लोगों की आर्थिक स्थिति अच्छी न हो, ऐसा किया जाना, वह भी उन महानुभाव शेख साहेब द्वारा, जिन्हें राज्य की जनता ने अपनी पलकों पर बैठाया था, उन्हें लोकप्रिय बनाया था और 'कश्मीर का शेर' तक कहा था, कितना उचित था?

शेख अब्दुल्ला के उक्त दृष्टिकोण का पूरा-पूरा लाभ नौकरशाही के एक वर्ग ने भी उठाया। इस वर्ग को शेख साहेब ने सत्ता में लौटते ही उच्च स्थानों पर पदस्थ किया था, जो बाद में अपने हितों-व्यक्तिगत और पारिवारिक-की पूर्ति में व्यस्त हो गया। आम लोगों के हितों की बलि देने और उनका शोषण करने में उक्त वर्ग के साथ सत्तारूढ़ नेशनल काँफ्रेंस के नेता भी आगे आ गए। श्रीमती इन्दिरा गाँधी के सत्ता में वापसी के

बाद 1981 में नेशनल काँफ्रेंस के अनेक लोगों, जो शेख अब्दुल्ला के निकटतम भी थे, के घरों पर आयकर विभाग के छापों को उसी परिप्रेक्ष्य में देखा जा सकता था।

फिर अपनी मृत्यु से पूर्व 1982 में शेख अब्दुल्ला द्वारा अपने पुत्र फारूख अब्दुल्ला को अपना उत्तराधिकारी नियुक्त करना उनकी योजना व नीति की स्पष्टता थी ही।

II

शेख अब्दुल्ला 1975 में काँग्रेस के सहयोग से मुख्यमंत्री बने थे, लेकिन उन्होंने सत्तारूढ़ होने के कुछ समयोपरान्त ही उसी काँग्रेस में सेंधमारी प्रारम्भ कर दी। लोन सहित अनेक काँग्रेसी नेताओं को अपने दल में सम्मिलित किया। इससे श्रीमती गाँधी और शेख अब्दुल्ला के मध्य सम्बन्धों में दरार आनी ही थी। लेकिन, चूँकि 1977 में केन्द्र में मोरारजीभाई के नेतृत्व में जनता पार्टी की सरकार बन गई और श्रीमती गाँधी सत्ताहीन हो गईं, इसलिए उस समय उक्त दरार में बर्फ भर गई। 1980 में श्रीमती इन्दिरा गाँधी जब पुनः सत्ता में वापस आईं, तो उस समय यद्यपि शेख अब्दुल्ला का दल काँग्रेस (आई) के साथ था, लेकिन कदाचित् इन्दिराजी को शेख साहेब पर पूर्व की भाँति भरोसा नहीं रह गया था। यही कारण रहा कि उन्होंने कश्मीर में एक सभा में यहाँ तक कहा था कि शेख अब्दुल्ला के रहते कश्मीर में अल्पसंख्यक सुरक्षित नहीं हैं।

श्रीमती इन्दिरा गाँधी और उनके नेतृत्व वाली भारत सरकार के लिए शेख अब्दुल्ला ने एक अन्य चिन्ता उस समय खड़ी की, जब 1982 में उनके निर्देश पर जम्मू और कश्मीर राज्य की विधान सभा ने एक

विधेयक पास किया, जिसमें व्यवस्था थी कि वे लोग, जो महाराजा हरि सिंह के शासनकाल में, शताब्दी के चौथें या पाँचवें दशक में राज्य को छोड़कर पाकिस्तान चले गए थे, पुनः कश्मीर लौट सकते हैं, भले ही वे अब पाकिस्तान के नागरिक क्यों न हों? भारत सरकार की ओर से तथा देश के अनेक भागों से उक्त विधेयक के पारित होने पर तीखी प्रतिक्रिया हुई थी, और पुनः श्रीमती इन्दिरा गाँधी ने इस कार्यवाही को राष्ट्रीय एकता के लिए खतरा, अल्पसंख्यकों के लिए घातक और राज्य के वातावरण को बिगाड़ने की लालसा करार दिया था। दूसरी ओर शेख अब्दुल्ला ने विधेयक की आलोचनाकर्ताओं को हिन्दू साम्प्रदायिकतावादी कहा, राज्य के मुसलमानों की संख्या को कम करने के प्रयासों को बढ़ावा देने वाला बताया था। निश्चित रूप से इस क्रिया-प्रतिक्रिया से राज्य के साम्प्रदायिक वातावरण को ठेस पहुँची थी।

जहाँ तक सम्बन्ध राज्य विधान सभा द्वारा उन कश्मीरियों को, जो वर्षों पूर्व राज्य को छोड़कर चले गए थे, और जो पाकिस्तान के नागरिक बन चुके थे, वापस आने का अवसर देने के लिए पारित विधेयक का था, उससे निश्चित रूप से राज्य में अलगाववादी प्रवृत्तियों में बढ़ोत्तरी होने की सम्भावना थी। क्यों? वह इसलिए, क्योंकि जो 30 या 40 वर्ष तक उस देश का नागरिक रहा हो, जिसका दृष्टिकोण कश्मीर के सम्बन्ध में उससे पृथक हो, जहाँ अब वह जा रहा है, तो स्वाभाविक रूप से वह अपने नए स्थान पर समस्या खड़ी कर ही सकता था। इसलिए यदि श्रीमती इन्दिरा गाँधी या भारत सरकार, अथवा भारत के लोगों ने उक्त विधेयक के बारे में चिन्ता प्रकट की हो, या उन्हें उससे भय रहा हो, तो ऐसा होना अस्वाभाविक नहीं था।

सितम्बर, 1982 में डॉ० फारूख अब्दुल्ला अपने पिता के बाद कश्मीर की सरकार के प्रमुख बने। शेख अब्दुल्ला ने अपने दामाद गुलाम मुहम्मद शाह (गुलशाह) को, जो उत्तराधिकार की दौड़ में सबसे आगे थे, किनारे करके डॉ० फारूख को अपना उत्तराधिकारी घोषित किया था। सत्ता में आने के कुछ समयोपरान्त डॉ० फारूख ने विधान सभा के लिए नए चुनावों को हरी झण्डी दे दी। परिणामस्वरूप 1983 में नए चुनाव हुए। इन चुनावों में, यद्यपि वे निष्पक्ष थे, उसी प्रकार जैसे कि 1977 में जनता पार्टी के शासनकाल में हुए राज्य विधान सभा के चुनाव रहे थे, लेकिन जिस तरह राज्य में राजनीतिक गठबंधन हुए, उनसे राजनीतिक अस्थिरता के लिए रास्ता बना, साथ ही अलगाववादी प्रवृत्तियों व तत्त्वों को स्थिति का लाभ उठाने का अवसर भी मिला।

डॉ० फारूख अब्दुल्ला ने मीरवायज मौलवी मुहम्मद फारूख से समझौता किया। मौलवी फारूख अपने पाकिस्तान समर्थक दृष्टिकोण के लिए जाने जाते थे। दूसरी ओर राज्य में मुख्य विपक्षी दल काँग्रेस था और वहाँ उसके अध्यक्ष मुफ्ती मुहम्मद सईद थे, जो उपरान्त जम्मू-कश्मीर के मुख्यमंत्री भी रहे हैं। काँग्रेस ने चूँकि अपने चुनाव-प्रचार में 1982 में विधान सभा द्वारा पारित उस विधेयक का मुद्दा प्रमुख रूप से उठाया, जिसमें वर्षों पूर्व छोड़कर चले गए कश्मीरियों के वापस राज्य में आने की व्यवस्था थी, इसलिए हिन्दू संगठनों, जैसे कि राष्ट्रीय स्वयं सेवक संघ और विश्व हिन्दू परिषद, ने काँग्रेस को समर्थन दिया। ऐसा स्वाभाविक भी था।

इसके अतिरिक्त चुनावों में जिस तरह एक-दूसरे पर आरोप-प्रत्यारोप हुए, चुनावों को अपने पक्ष में करने के लिए जिस तरह की असामंजस्य की स्थिति उत्पन्न की गई, डॉ० फारूख अब्दुल्ला के सन्दर्भ में शंकास्पद

वक्तव्य जारी किए गए, उनमें भले ही सच्चाई रही हो या नहीं, उनसे राज्य के आमजन पर अच्छा प्रभाव नहीं पड़ा था। और इस घटनाक्रम के कारण पुनः अलगाववादी तत्त्वों को, वे संख्या में उस समय भले ही बहुत अधिक न हों, कुछ आराम से श्वाँस लेने का अवसर मिला; और राज्य में राजनीतिक अस्थिरता की स्थिति पहले से कुछ अधिक पेंचीदा हो गई।

इसी क्रम में जब आगे चलकर सत्ता के लिए वर्षों से आस लगाकर बैठे शेख अब्दुल्ला के दामाद गुलाम मुहम्मद शाह को काँग्रेस ने सहयोग देकर सत्ता में बैठा दिया, तो उससे राजनीतिक अस्थिरता का जो बढ़ा हुआ क्रम सामने आया, वह तो बहुत ही दुर्भाग्यपूर्ण था। उससे राज्य के लोगों में यह सन्देश गया कि केन्द्र सरकार जिसे चाहे अपनी इच्छा से जम्मू और कश्मीर में सत्ता में बैठा सकती है, और जिसे चाहे उसे घन्टे भर में सत्ता से बाहर भी कर सकती है। किसी ऐसे राज्य, जहाँ सद्भाव का वातावरण बनाए रखने के लिए अतिरिक्त और अपेक्षाकृत अधिक प्रयास व कार्य करने की बात हो, वहाँ उक्त वर्णित घटनाओं का होना दुखद और हानिकारक ही हो सकता है। ऐसा हुआ भी।

III

1984 में श्रीमति इन्दिरा गाँधी की हत्या के बाद उनके पुत्र राजीव गाँधी भारत के प्रधानमंत्री बने थे। उस समय राज्य में राजनीतिक अस्थिरता का क्रम जारी था। लेकिन दल-बदल कराकर बनाई गई गुलाम मुहम्मद शाह की सरकार भी चल नही पाई; और अन्ततः मार्च, 1986 में तत्कालीन राज्यपाल जगमोहन ने राज्य में बढ़ते साम्प्रदायिक तनाव, अल्पसंख्यकों में व्याप्त भय, कर्मचारियों में आ रही अनुशासनहीनता,

भाई-भतीजावाद, भ्रष्टाचार और चिन्तनीय आर्थिक स्थिति, और निश्चिततः अस्थिरता के आधार पर सरकार को पदच्युत कर दिया। अब राज्य में राष्ट्रपति शासन हो गया और लगभग 8 माह तक वही स्थिति रही, जिसमें राज्यपाल ने प्रशासनिक व्यवस्था को चुस्त, प्रभावशाली और भ्रष्टाचार से मुक्त करने का प्रयास किया। लेकिन लोकप्रिय या जनता की अपनी सरकार, वह जैसी हो, तो वहाँ नहीं थी। कदाचित् इस बात का अफसोस तो अनेक को रहा ही था।

पुनः 1986 के नवम्बर माह में राजीव गाँधी व फारूख अब्दुल्ला के मध्य हुए समझौते के अनुसार राज्य में सरकार गठित हुई और मुख्यमंत्री फारूख ने काँग्रेस (आई) के समर्थन से 1987 के प्रारम्भ में नए चुनावों में उतरने की घोषणा की। चुनाव हुए और उसमें संयुक्त मुस्लिम फ्रंट, काँग्रेस-नेशनल काँफ्रेंस का मुख्य प्रतिद्वंद्वी था, विशेष रूप से घाटी में उसी की टक्कर सत्ता पक्ष से रही थी। यद्यपि चुनावों के परिणाम काँग्रेस-काँफ्रेंस के पक्ष में रहे और दोनों को कुल मिलाकर 66 सीटें प्राप्त हुईं, लेकिन जनता में परिणामों को लेकर बहुत बड़ी प्रतिक्रिया हुई। चूँकि मुस्लिम फ्रंट को लगभग 29 प्रतिशत वोट मिले थे, लेकिन, तो भी, उसे कुल 4 ही सीटें प्राप्त हो सकीं, इसलिए चुनावों की निष्पक्षता के प्रति प्रश्न उठाए गए। बातें यहाँ तक भी सामने आईं कि चुनावों में सरकारी मशीनरी का दुरुपयोग हुआ, बड़े पैमाने पर धांधलियाँ हुईं और केन्द्र सरकार के सहयोग से राज्य में जनता को अपनी पसन्द के प्रतिनिधियों को चुनने से रोका गया; जनता के अधिकारों को छीना गया।

इसी घटनाक्रम के साथ अनेक अलगावादियों का, जिन्होंने चुनाव में अपना भाग्य भी आजमाया था, और जिनमें यासीन मलिक जैसे लोग रहे थे, उदय हुआ। अब इससे राज्य में अस्थिरता का एक और नया दौर प्रारम्भ हुआ; राज्य में आतंकवादी गतिविधियाँ भी प्रारम्भ हो गईं। इन आतंकवादी गतिविधियों के सन्दर्भ में एक पृथक ग्रन्थ लिखे जाने की आवश्यकता है। लेकिन मैं यह स्पष्ट कर देना चाहता हूँ कि इन गतिविधियों के पीछे, उपरोक्त वर्णित घटनाक्रम की भी भले ही कितनी, कम या अधिक, भूमिका रही हो, निश्चित रूप से आन्तरिक और बाह्य-दोनों-तत्त्वों की समान भूमिका थी, और अभी भी ऐसा ही है।

आन्तरिक से मेरा तात्पर्य, मैं पुनः स्पष्ट करना चाहूँगा, उनसे है, जो प्रारम्भ से ही पृथकतावादी गतिविधियों में संलग्न रहे थे, यद्यपि प्रारम्भ में इनकी संख्या अधिक नहीं थी; लेकिन राज्य के राजनीतिक घटनाक्रम, जो बाद में रहा, के चलते समय-समय पर उनकी संख्या में वृद्धि हुई।

बाह्य तत्त्व कौन से थे, और हैं? इस बात की सूचना सारे विश्व को है। इन तत्त्वों में कुछ तो वही हैं कि जिनकी सीमा जम्मू और कश्मीर राज्य से जुड़ी हैं और जिनका सामरिक के अतिरिक्त राजनीतिक व आर्थिक हित भी इस राज्य के साथ जुड़ा हुआ है। ये तत्त्व अपने हितों को सर्वोच्च प्राथमिकता देते हैं, लेकिन वास्तव में राज्य की जनता की भलाई तथा उसका कल्याण इनके लिए बहुत बाद की बात है। कुछ अन्य बाह्य तत्त्व ऐसे भी हैं, जो कश्मीर राज्य को धार्मिक दृष्टिकोण से नापते हैं। सत्यता क्या है? जनता को सुखी व समृद्ध जीवन प्रदान करने के लिए क्या किया जाना चाहिए? अथवा समस्याग्रस्त जम्मू-कश्मीर राज्य को शान्ति प्रदान

करने, या वहाँ की समस्या को हल करने के लिए क्या किया जाना चाहिए? इन सभी बातों से, वास्तव में, धार्मिक दृष्टिकोण से राज्य को मापने वाले भी कोसों दूर हैं। वे कुछ बाह्य तत्त्व भी हैं, जो इस समस्या के माध्यम से अन्तर्राष्ट्रीय स्तर पर अपने भाव बढ़ाते हैं; उन हितों को साधने का प्रयत्न करते हैं, जिन्हें हम स्वयं समय-समय पर देखते और समझते हैं।

आन्तरिक और बाह्य-दोनों-तत्त्व अपने-अपने स्वार्थों की सिद्धि के लिए कभी-कभी पृथक-पृथक अपनी-अपनी गतिविधियाँ चलाते हैं, कभी-कभी एक साथ आ जाते हैं। ये गतिविधियाँ अब अति गम्भीर हो चुकी हैं, पूरे क्षेत्र की दशा को इन्होंने बिगाड़कर रख दिया है, जैसा कि मैं पहले ही उल्लेख कर चुका हूँ। राज्य का आमजन निश्चित रूप से परेशान है; आम लोग पूर्णतः अपने को असुरक्षित अनुभव करते हैं और भयभीत हैं। राज्य में तैनात भारी संख्या में सुरक्षा बलों के बावजूद भी जनता की परेशानियाँ या कठिनाइयाँ कम नहीं होतीं, उनकी सुरक्षा को पूरी सुनिश्चितता नहीं मिलती तथा न ही उनका भय समाप्त हो जाता है। उल्टे सुरक्षा बलों की ओर से भी ज्यादतियों की, यदा-कदा और जाने-अनजाने में शिकायतें आती हैं, और जैसा कि विदित है, तथा जैसा कि प्रारम्भ में ही उल्लेख किया है, उक्त गतिविधियों के चलते अब तक पचहत्तर हजार से अधिक लोगों की जानें चली गई हैं तथा 4 लाख से अधिक लोग घाटी से पलायन भी कर गए हैं।

जम्मू-कश्मीर राज्य के युवाओं का एक वर्ग, स्वाधीनता के नाम पर और हिंसा के बल पर स्वयं उपरोक्त गतिविधियों में संलग्न है। वास्तव में इस वर्ग की अपनी समस्याएँ भी हैं। भारत के अन्य राज्यों जैसे कि

महाराष्ट्र, पंजाब, कर्नाटक, आन्ध्र प्रदेश या हरियाणा की भाँति जम्मू-कश्मीर राज्य का औद्योगीकरण नहीं हुआ है। यहाँ की आय का साधन मुख्यतः कृषि और उसके बाद पर्यटन व कुटीर उद्योग धन्धें ही रहे हैं। इन्हीं से राज्य के लोगों को, वहाँ के युवाओं को रोजगार मिलने की सम्भावना रही है, विशेषकर उन्हें, जो राज्य से बाहर नहीं जाते। पर्यटन और कुटीर उद्योग धन्धों की स्थिति राज्य के गम्भीर परिस्थितियों में आ जाने, और विशेष रूप से आतंकवादी गतिविधियों के चलते, यहाँ चिन्तनीय बन गई है, तथा कृषि-कार्य पर भी बुरा प्रभाव पड़ा है। इसलिए, परिणामस्वरूप, राज्य की जो आर्थिक स्थिति बिगड़ी, उसने युवा वर्ग के समक्ष अन्धकार की परत बिछा दी है। उन्हें इस रूप में निश्चिततः पिछड़ेपन का शिकार होना पड़ा है, और उनकी इस स्थिति का, जिसमें वे भटके तथा विवश भी बने हैं, लाभ आन्तरिक व बाहय-दोनों-तत्त्वों ने उठाया है; तथा अभी भी वे ऐसा कर रहे हैं।

जम्मू-कश्मीर का उक्त युवा वर्ग, जिसमें से कुछ युवकों का मुझसे स्वयं विदेशों में साक्षात्कार हुआ है, हताशा का शिकार भी है। वे जब अलगाववाद की बात करते हैं, तो उसके पास कोई ठोस तर्क नहीं होता, जैसा कि मैंने उनसे अपनी वार्ता में पाया है; केवल एक ही रट उनके पास होती है और उसके चलते वे राज्य की वास्तविकता, विशेषकर 1947 के घटनाक्रम, से अनजान रहते हैं। इस वर्ग के युवाओं का जो ढंग है, वह अमानवीय है और इसलिए वह कभी भी कारगर सिद्ध नहीं हो सकेगा। शारीरिक रूप से सुदृढ़, इन सुगठित व सुन्दर नवयुवकों को अपने अतीत के गौरव में जाकर देखना चाहिए। गुमराह होने के स्थान पर अपने पूर्वजों

के ज्ञान और बुद्धि, जिसका लोहा शेष भारत ही नहीं, अन्य देशों में भी माना जाता था, उनके शान्ति-प्रेम और साम्प्रदायिक सौहार्द में विश्वास से सीख लेनी चाहिए। इन युवकों को अपनी बात रखने का पूरा-पूरा अधिकार है; अपने भविष्य के सन्दर्भ में निर्णय करने का भी इन्हें अधिकार है, लेकिन कोई भी अमानवीय और हिंसक मार्ग इनका कोई भला नहीं कर सकेगा, यह इन्हें समझ. लेना चाहिए।

सन्दर्भः

1. ***उसी योजना व नीति का बढ़ता कदम था कि डॉ० फारूख अब्दुल्ला ने 2002 में अपने स्थान पर अपने पुत्र उमर अब्दुल्ला को अपना उत्तराधिकारी घोषित किया, यद्यपि यह बात अलग थी कि जनता ने उस समय उन्हें नकार दिया।***

****

अध्याय : पन्द्रह

कश्मीर का कल/उपसंहार

वैदिककाल और उससे भी पूर्व के इतिहास से प्रारम्भ करके वर्तमान समय तक के घटनाक्रम का जो विवरण प्रस्तुत किया है, वह अति साधारण है। इस विवरण में अतीत की गौरवमयी स्थिति, जिसमें अपनी विद्वत्ता की पताका कश्मीरीजन लहरा रहे थे, और कश्मीर का शान्त और सौहार्दमय वातावरण, जो इसकी प्राकृतिक सुन्दरता को अधिकाधिक चार चाँद लगा रहा था, को हमने देखा। विभिन्न कालों में इस क्षेत्र के लोगों द्वारा, विभिन्न कारणों से सहे गए उतार-चढ़ावों को हमने समझा। साथ ही यहाँ की जनता के साम्प्रदायिक एकता में विश्वास को भी जाना। इसके बाद मेरा व्यक्तिगत विचार, हो सकता है कि मेरे पाठकों का विचार भी कुछ ऐसा ही बन जाए, यह है कि कश्मीर का सुन्दर भविष्य और कश्मीरियों की उन्नति निश्चित रूप से क्षेत्र में शान्ति और सद्भावना के वातावरण में ही सम्भव है।

ऐसे वातावरण के निर्माण की प्रक्रिया भी सम्भव है। लेकिन यह प्रक्रिया बहुत तेजी से आगे न तो बढ़ सकती है, और न ही इसे अति तीव्रता से आगे बढ़ाना चाहिए। कदम-प्रति-कदम, तो भी, इस सन्दर्भ में आगे बढ़ने की अब नितान्त आवश्यकता है।

मैं भारतीय हूँ। मेरा दृष्टिकोण अपने राष्ट्र के हित की सर्वोच्चता से अलग नहीं हो सकता, तो भी ईमानदारी से मैं यह कहना चाहता हूँ कि मेरा विश्वास इस रूप में भी अहिंसा और अहिसंक गतिविधियों के

माध्यम से जम्मू और कश्मीर राज्य की समस्या के समाधान में है। मैं यह भी दृढ़ता के साथ कहने की स्थिति में हूँ कि केवल अहिंसक गतिविधियाँ या अहिंसक उपाय ही राज्य को एक सुन्दर भविष्य दे सकते हैं; और मुझे आशा है कि ऐसा ही एक दिन होगा भी। कश्मीर का भविष्य सँवरेगा तथा वहाँ के सभी लोग शेष भारत तथा संसार के लोगों के साथ उन्नति के शिखर पर कदमताल करेंगे।

आज तनिक शान्ति की स्थिति और वातावरण के प्रतीत होने के बाद भी वहाँ की आन्तरिक स्थिति गम्भीर है, शोचनीय और विस्फोटक है। लेकिन ऐसा होने के बावजूद भी वहाँ से आतंकवाद और अलगाववाद को समाप्त किया जा सकता है; वहाँ सामान्य स्थिति लाई जा सकती है। क्षेत्र को समस्याओं से मुक्त किया जा सकता है। इस सन्दर्भ में मैं पहली बात तो यह कहना चाहूँगा कि जम्मू-कश्मीर राज्य के समस्या से भरे घटनाक्रम में लिप्त या इससे प्रत्यक्ष-अप्रत्यक्ष रूप में सम्बद्ध सभी पक्षों के लिए नितान्त आवश्यकता है आत्म-चिन्तन करने की। ऐसा करते समय उन्हें यह भी ध्यान में रखना होगा कि अब वस्तु-स्थिति क्या है? ऐसा करके ही वे आगे समाधान की दिशा में कुछ कर सकने की स्थिति में हो सकते हैं।

आत्म-चिन्तन करने और वस्तु-स्थिति को समझने के बाद सभी पक्षों को दृढ़तापूर्वक इस बात को पुनः हृदयों में स्थायी रूप से बसा लेना होगा कि हिंसा के बल पर कभी भी कोई समाधान सम्भव नहीं होगा। भूतकाल में भी कभी कोई स्थायी तथा कल्याणकारी परिणाम हिंसा और हिंसक गतिविधियों से सामने नहीं आया है। इसीलिए सभी प्रकार की हिंसक गतिविधियों पर, वे किसी भी ओर से हों, जहाँ तक भी

अधिकाधिक सम्भव हो सके, रोक लगानी चाहिए; लिप्त पक्षों को इसके लिए हृदय से और ठोस रूप में कार्य करना चाहिए।

तदोपरान्त वार्ता का क्रम प्रारम्भ हो। वार्ता की परिधि प्रारम्भ में छोटी हो सकती है, लेकिन शनैः-शनैः इसको विस्तृत करना ही होगा। उदाहरण के लिए, जैसा कि इन दिनों कश्मीरियों के एक गुट के साथ भारत सरकार की वार्ता का क्रम प्रारम्भ हुआ है, और जो स्वागत योग्य कदम भी है, लेकिन इस क्रम को आगे विस्तार देना पड़ेगा। जम्मू और लद्दाख राज्य के दो अन्य महत्त्वपूर्ण क्षेत्रों के लोगों को एवं घाटी के अन्य गुटों को भी निश्चित रूप से और समान रूप से जारी वार्ता के क्रम में सम्मिलित करना पड़ेगा। यद्यपि घाटी, जम्मू और लद्दाख-तीन प्रमुख-क्षेत्रों की जनता की कठिनाइयों, परेशानियों अथवा समस्याओं में न्यूनाधिक अन्तर हो सकता है, लेकिन सभी क्षेत्र राज्य का भाग तो हैं। इसलिए सभी की बातों को उक्त परिप्रेक्ष्य में जानना तथा उनकी मानसिकता से परिचित होना आवश्यक है।

उक्त प्रक्रिया में, विशेष रूप से आत्म-चिन्तन और वस्तु-स्थिति के लिए, साहस की आवश्यकता है, लेकिन ऐसा साहस असम्भव नहीं है। उक्त प्रक्रिया के अतिरिक्त कोई ऐसा उपाय मेरी दृष्टि में दूसरा नहीं है, जो राज्य के अधिकाधिक लोगों को सन्तुष्टी प्रदान करने वाला कोई हल दे सकेगा।

II

कश्मीर राज्य को लेकर भारत और पाकिस्तान के मध्य विवाद है, इसे किसी भी रूप में अस्वीकार नहीं किया जा सकता। हमने जैसा कि अपने इस विश्लेषण से माना है, राज्य का दो तिहाई भाग यदि भारत

की ओर है, तो वर्ष 1947 से ही एक तिहाई भाग पाकिस्तान के पास भी है। दोनों देशों के बीच राज्य के विवाद के सम्बन्ध में पहला बिन्दु तो यही है। फिर, भारत का एक पक्ष के रूप में संयुक्त राष्ट्र संघ में जाना, अन्तिम रूप से राज्य के भारत संघ में विलय के बाद भी उसे संविधान के एक पृथक, और विशेष स्तर के साथ, अनुच्छेद में रखना, ताशकंद और शिमला समझौते में कश्मीर के उल्लेख को मान्यता देना भी सहज ही पुष्टि करता है, इस वास्तविकता की कि वह राज्य को अपने व अपने पड़ौसी के मध्य एक समस्या मानता है।

इस रूप में (भी) दोनों राष्ट्रों के मध्य वार्ता आवश्यक है। राजनीतिक-आर्थिक हितों की प्राप्ति से कुछ ऊपर उठकर, समस्या के समाधानार्थ कितना बलिदान किया जा सकता है, अन्ततः वार्ता का केन्द्र यह बात होनी चाहिए। बलिदान करने में, मेरे व्यक्तिगत दृष्टिकोण से, कोई हानि नहीं है। अब यदि प्रश्न हो कि क्या अथवा कैसा बलिदान? तो इसके बारे में मैं यहाँ अभी कुछ नहीं कहना चाहता, अतिरिक्त इसके कि गम्भीरता के साथ भारत और पाकिस्तान, दोनों, को बलिदान करने के लिए मन बना लेना चाहिए, उन्हें इसके लिए तैयार रहना (ही) चाहिए।

वार्ता बहुत अच्छी चीज है; इसका क्रम कभी भी, जब तक वह सम्भव हो, टूटना नहीं चाहिए। इस क्रम के चलते यदि कभी कोई छोटी-मोटी दुखद घटना घट जाए; या जानबूझकर किसी घटना को अन्जाम दिया जाए, तो ऐसे में वार्ता-क्रम को रोकना नहीं चाहिए। वर्तमान केन्द्र सरकार ने जो इस सन्दर्भ में वार्ता की प्रक्रिया को आगे बढ़ाया है, यह सराहनीय है। अब यह आगे वार्ता तक ही सीमित न रहकर किसी अच्छे और आत्म-सम्मान को ठेस न पहुँचाने वाले परिणाम पर भी पहुँचे, ऐसे प्रयास की आवश्यकता है।

भौगोलिक परिस्थितियों से उत्पन्न आवश्यकताओं, प्राकृतिक संसाधनों के महत्त्व, अथवा सामरिक दृष्टि से महत्त्वपूर्ण क्षेत्रों के सम्बन्ध में भी किसी-न-किसी हल पर पहुँचा जा सकता है; उपरोक्त वास्तविकताओं को अपने-अपने अनुकूल बनाया जा सकता है। लेकिन इस सम्बन्ध में विश्वास स्थापित किया जाना बहुत आवश्यक है। आपसी विश्वास से बढ़कर यद्यपि कोई दूसरी श्रेष्ठ बात नहीं हो सकती, लेकिन यदि बहुत ही आवश्यक हो, तो इस हेतु पूर्णतः निष्पक्ष अन्तर्राष्ट्रीय प्रत्याभूति का सहारा भी लिया जा सकता है।

लगभग 60 वर्ष बीत गए हैं, जब से कश्मीर में वर्तमान समस्या उत्पन्न हुई है और उसने दोनों देशों की राजनीतिक तथा आर्थिक स्थिति पर प्रभाव डाला है। इसके अतिरिक्त राष्ट्रीय स्तर पर अन्य क्षेत्र भी इससे प्रभावित हुए हैं; मेरे द्वारा इस सन्दर्भ में अधिक खुलासा किए जाने की न तो आवश्यकता है तथा न ही उसकी यहाँ कोई अधिक प्रासंगिकता है। यह स्थिति आगे लम्बे समय तक नहीं बनी रहनी चाहिए। और फिर इस स्थिति के चलते जो दशा कश्मीरियों की होती है, कभी-कभी तो बहुत दयनीय और अमानवीय भी, वह दोनों राष्ट्रों पर प्रत्यक्ष-अप्रत्यक्ष प्रभाव डालती है।

आज कश्मीर नियंत्रण रेखा के कारण दो भागों में है। दोनों भागों के लोग रक्त सम्बन्धों के कारण एक-दूसरे से पृथक नहीं हैं। उनकी पारिवारिक और सामाजिक स्थिति अभिन्न है, लेकिन एक-दूसरे के दुख-सुख में समय पर जब वे सम्मिलित नहीं हो पाते, तब उन पर जो बीतती होगी, उसको सहज ही समझा जा सकता है। जब भारत और पाकिस्तान के उन लोगों, जो रक्त-सम्बन्धों और पारिवारिक, कौटुम्बिक व

सामुदायिक कारणों से एक-दूसरे जुड़े हैं, की अपनी भावना दुख के क्षणों में तथा सुख के अवसर पर बेकाबू हो जाती है, तो कश्मीरीजन के ऐसे में हालात जो होते हैं, वह विचारणीय विषय है। साथ ही कुछ ठोस कदम उठाने का आह्वान भी वह विषय करता है।

इस सन्दर्भ में स्वयं कश्मीरियों के अतिरिक्त भारत और पाकिस्तान, दोनों, की अपनी-अपनी उत्तरदायित्व से पूर्ण सार्थक भूमिका है, जिसका उन्हें निर्वहन करना चाहिए, ताकि वह राज्य के लोगों को उनके कष्टों से, उनकी परेशानियों और दयनीय स्थिति से मुक्ति दिला सकें। मैं अन्त में अपनी ओर से यही हार्दिक कामना करता हूँ कि सभी सम्बद्ध पक्ष अपने-अपने उत्तरदायित्व को समझते हुए भूतकाल के घटनाक्रम से सबक लेते हुए और कश्मीर के अच्छे व सुन्दर भविष्य को ध्यान में रखते हुए, कार्य करेंगे। राज्य में शान्ति की स्थापना हो, वह समस्याओं से मुक्त हो और वहाँ के लोग भयमुक्त होकर अपने प्राचीन गौरव को पुनः स्थापित कर सकें, ऐसी भी मेरी अभिलाषा है। काश! एक दिन ऐसा आएगा भी।

*****

परिशिष्ट

1

'अमृतसर की सन्धि'

ब्रिटिश सरकार की ओर से फ्रेडरिक क्यूरी और हेनरी मोन्टगोमरी लारेन्स और जम्मू के महाराजा गुलाब सिंह के मध्य हस्ताक्षरित 'अमृतसर की सन्धि' में निम्नलिखित दस धाराएँ थीं:

"1. ब्रिटिश सरकार एक स्वतंत्र स्वामित्व के रूप में समस्त पहाड़ी राज्य और इसके आश्रित क्षेत्रों को, जो पूरब में सिन्धु नदी और पश्चिम में रावी नदी के मध्य में हैं, जिसमें चंबा सम्मिलित है, लेकिन लाहौर जिससे बाहर है, उस भू-सीमा के भाग के रूप में, जो लाहौर-राज्य द्वारा 9 मार्च, 1846 ईस्वी की 'लाहौर-सन्धि' की धारा चार के प्रावधानानुसार ब्रिटिश सरकार को सौंपा गया, महाराजा गुलाब सिंह और उनके प्रमुख उत्तराधिकारियों को सदा के लिए हस्तान्तरित करती है;

"2. उपरोक्त धारा के अन्तर्गत महाराजा गुलाब सिंह को हस्तान्तरित भू-भाग की पूर्वी सीमा का निर्धारण ब्रिटिश सरकार और महाराजा गुलाब सिंह द्वारा इस उद्देश्य के लिए नियुक्त किए गए आयुक्तों द्वारा किया जाएगा और जाँच के बाद एक विशेष बैठक में सीमांकन तय किया जाएगा;

"3. उपरोक्त धाराओं के प्रावधानों के अन्तर्गत उन्हें और उनके उत्तराधिकारियों को किए गए हस्तान्तरण के बदले महाराजा गुलाब सिंह ब्रिटिश सरकार को पचहत्तर लाख रुपयों (नानकशाही) का भुगतान करेंगे, (उनमें से) पचास लाख रुपये इस सन्धि की पुष्टि के उपरान्त और (शेष)

पच्चीस लाख रुपयों का भुगतान चालू वर्ष (1846) की पहली अक्टूबर को या उससे पूर्व किया जाएगा;

"4. बिना ब्रिटिश सरकार की सहमति के, किसी भी समय, महाराजा गुलाब सिंह के राज्य की सीमाओं में परिवर्तन नहीं होगा;

"5. किसी भी ऐसे विवाद या प्रश्न को, जो स्वयं उनके एवं लाहौर-सरकार के मध्य या (उनके तथा) किसी पड़ौसी राज्य के बीच उत्पन्न हो, महाराजा गुलाब सिंह मध्यस्थता के लिए ब्रिटिश सरकार को भेजेंगे और ब्रिटिश सरकार द्वारा (उसके सम्बन्ध में) लिए गए निर्णय को स्वीकारने को बाध्य होंगे;

"6. महाराजा हरि सिंह स्वयं और उनके उत्तराधिकारी अपनी समस्त सेना के साथ (उस स्थिति में) ब्रिटिश सैन्य बलों में सम्मिलित होंगे, जब उन्हें पहाड़ियों पर अथवा उनके अधिकार क्षेत्र वाले भू-भाग से सटी सीमाओं पर तैनात किया जाएगा;

"7. न तो किसी ब्रिटिश प्रजा को और न ही यूरोप अथवा अमरीकी राज्य के किसी नागरिक को ब्रिटिश सरकार की सहमति के बिना महाराजा गुलाब सिंह अपनी सेवा में ले या रख सकेंगे;

"8. महाराजा गुलाब सिंह अपने को हस्तान्तरित किए गए भू-भाग के सम्बन्ध में, भारत सरकार और लाहौर-दरबार के मध्य 11 मार्च, 1846 को पृथक रूप में हुए समझौते की धारा पाँच, छः और सात के प्रावधानों का सम्मान करने को (भी) बाध्य होंगे;

"9. ब्रिटिश सरकार बाह्य शत्रुओं से अपने राज्य की सीमाओं की सुरक्षा के लिए महाराजा गुलाब सिंह को अपनी सहायता प्रदान करेगी; तथा

"10. महाराजा गुलाब सिंह ब्रिटिश सरकार की सर्वोच्चता को स्वीकार करते हैं, और (उसकी) ऐसी सर्वोच्चता का सम्मान करते हुए ब्रिटिश सरकार को एक अश्व, स्वीकृत (श्रेष्ठ) नस्ल की 12 बारह शाल-बकरियाँ (छः नर व छः मादा) और तीन जोड़े कश्मीरी शाल प्रतिवर्ष भेंट करेंगे।

"यह सन्धि उपरोक्त वर्णित धाराओं के साथ फ्रेडरिक क्यूरी (ई0एस0क्यू0) और ब्रेवेट मेजर हेनरी मोन्टगोमरी, जो कि राईट ऑनरेबल सर हेनरी हार्डिंग (जी०सी०बी०), गवर्नर-जनरल के निर्देशानुसार कार्यरत हैं, और जो ब्रिटिश सरकार की ओर से एक पक्ष हैं, तथा स्वयं महाराजा गुलाब सिंह के मध्य हुई है; तथा इस सन्धि की आज राइट ऑनरेबल सर हेनरी हार्डिंग (जी०सी०बी०), गवर्नर-जनरल की मुहर द्वारा सम्पुष्टि की गई है।

"अमृतसर से सोलह मार्च, 1846 ईस्वी को (और) 17 रबि-उल-अव्वल, 1246 हिजरी को सम्पन्न हुई।"

2

विलय-सम्बन्धी अभिलेख

"जबकि भारतीय स्वाधीनता अधिनियम 1947 यह प्रावधान करता है कि 15 अगस्त, 1947 से भारत के रूप में जाने जाने वाले एक स्वतंत्र उपनिवेश की स्थापना होगी, और गवर्नर-जनरल के आदेश द्वारा निर्धारित हो सकने वाली पृथक्करण, सम्मिलन, स्वीकार्य या संशोधित

व्यवस्थाओं के साथ भारत-शासन अधिनियम, 1935 भारतीय उपनिवेश पर लागू होगा;

"और जबकि इस प्रकार गवर्नर-जनरल द्वारा स्वीकृत भारत-शासन अधिनियम यह व्यवस्था करता है कि कोई एक भारतीय राज्य (उसके) शासक द्वारा क्रियान्वित सम्मिलन अभिलेख के द्वारा भारतीय उनिवेश के साथ जुड़ सकता है;

"इसलिए, अब मैं श्रीमान इन्द्र महेन्द्र राजराजेश्वर महाराजाधिराज श्री हरि सिंह जी, जम्मू-कश्मीर नरेश तथा तिब्बत आदि देशाधिपति, जम्मू और कश्मीर राज्य का शासक राज्य पर अपनी प्रभुसत्ता का उपयोग करते हुए अपने इस सम्मिलन अभिलेख को क्रियान्वित करता हूँ; तथा

"1. मैं एतद् द्वारा घोषणा करता हूँ कि मैं इस संकल्प के साथ भारतीय उपनिवेश के साथ जुड़ रहा हूँ कि भारत के गवर्नर-जनरल, उपनिवेश की विधायिका, संघीय न्यायालय और उपनिवेश के लिए स्थापित कोई औपनिवेशिक सत्ता में इस सम्मिलन अभिलेख में उल्लिखित शर्तों के अनुसार औपनिवेशिक उद्देश्य से भारत शासन अधिनियम, 1935 (जो लागू है और आगे "अधिनियम" शब्द के रूप में ही प्रयुक्त होगा) द्वारा उन्हें प्रदत्त कर्तव्यों, जो 15 अगस्त, 1947 को भारतीय उपनिवेश में लागू हों, जम्मू और कश्मीर राज्य पर (इसके बाद 'इस राज्य' के रूप में प्रयुक्त) लागू होंगे;

"2. मैं एतद् द्वारा यह सुनिश्चित करने का उत्तरदायित्व लेता हूँ कि मेरे इस सम्मिलन अभिलेख के माध्यम से 'अधिनियम' के प्रावधानों को, जो इस राज्य पर लागू हैं, समुचित रूप से ध्यान में रखा गया है;

"3. मैं अनुसूची में उल्लिखित विषयों को, जो इस राज्य के लिए औपनिवेशिक विधायिका द्वारा बनाए जाने वाले कानूनों के सम्बध में हैं, स्वीकार करता हूँ;

"4. मैं यहाँ घोषणा करता हूँ कि मैं इस आश्वासन के साथ भारतीय उपनिवेश के साथ जुड़ा हूँ कि गवर्नर-जनरल और इस राज्य के शासक के मध्य कोई समझौता (या सन्धि) हो, तो ऐसी स्थिति में औपनिवेशिक विधायिका का इस राज्य के सम्बन्ध में स्थापित कोई भी कानून इस राज्य के शासक द्वारा (ही) क्रियान्वित किया जाएगा; और ऐसा कोई समझौता इस अभिलेख का एक भाग समझा जाएगा, बनाया जाएगा और उसी के अनुरूप प्रभावी होगा;

"5. मेरे इस सम्मिलन अभिलेख में किसी भी अधिनियम या भारतीय स्वतंत्रता अधिनियम, 1947 द्वारा तब तक कोई संशोधन नहीं किया जाएगा, जब तक ऐसे संशोधन को किसी इस अभिलेख के पूरक के माध्यम से मैं स्वीकार नहीं कर लेता हूँ;

"6. इस अभिलेख में ऐसा कुछ नहीं है, जो औपनिवेशिक विधायिका को कोई ऐसा अधिकार दे, जिससे वह इस राज्य में भूमि के किसी भी रूप में आवश्यक अधिग्रहण हेतु कानून बना सके; लेकिन मैं यहाँ औपनिवेशिक कानून, जो इस राज्य में (भी) लागू होता है, के अनुपालानार्थ आवश्यक होने पर किसी (भी) भूमि के अधिग्रहण को स्वीकारता हूँ; मैं उसकी (भारत की औपनिवेशिक सरकार की) प्रार्थना पर भूमि का उसके व्यय पर अधिग्रहण करूँगा और यदि वह भूमि मेरे अधिकार में हो, तो उसका स्वीकृत समझौते के आधार पर हस्तान्तरण करूँगा; समझौते के विफल होने की स्थिति में भारत के मुख्य न्यायाधीश

द्वारा नियुक्त किए जाने वाले मध्यस्थ के निर्णय को स्वीकारने के लिए दृढ़ रहूँगा;

"7. इस अभिलेख में ऐसा कुछ नहीं है, जो किसी भी रूप में भारत के किसी भावी संविधान को स्वीकार करने को मुझे बाध्य करता हो, अथवा ऐसे किसी भावी संविधान के कारण भारत सरकार के साथ किसी समझौते की मेरी स्वेच्छा में बाधा डालता हो;

"8. इस राज्य पर मेरी सत्ता को प्रभावित करने की कोई बात इस अभिलेख में नहीं है; और इस राज्य के शासक के रूप में जो अधिकार व शक्तियाँ मेरे पास हैं, अथवा वर्तमान में इस राज्य में जो मान्य कानून हैं, उनके प्रयोग या अनुपालनार्थ यह अभिलेख व्यवस्था प्रदान करता है; तथा

"9. मैं एतद् द्वारा घोषणा करता हूँ कि मैं इस राज्य के लिए तथा इस अभिलेख में अपने राज्य के शासक के रूप में, मेरे वारिसों व उत्तराधिकारियों के सन्दर्भ सहित... इस अभिलेख को क्रियान्वित करता हूँ।

"मेरे हाथ से 26वीं अक्टूबर, 1947 को दिया गया।"

"(हस्ताक्षर) हरि सिंह, महाराजा,
जम्मू और कश्मीर राज्य"

3

लार्ड माउन्टबेटन और जिन्ना के मध्य 1 नवम्बर, 1947 को हुई वार्ता की आख्या में कश्मीर के घटनाक्रम का उल्लेख

लार्ड माउन्टबेटन के अनुसार, "हमारी साढ़े तीन घन्टे की जटिल व मूल वार्ता में अधिकाधिक समय कश्मीर ने लिया, दूसरा स्थान जूनागढ़ का रहा, जबकि हैदराबाद ने सबसे कम समय लिया। अपनी वार्ता में हम इन तीनों के मध्य तीव्र गति से घूमते रहे; साथ ही हमने देशी-राज्यों पर प्रभाव डालने वाली व्यापक नीति के सम्बन्ध में चर्चा भी की। मैंने इस टिप्पणी को चार भागों में बाँट दिया है, यद्यपि आवश्यक रूप से इसी क्रम में विषयों की चर्चा नहीं हुई, और न ही समस्त बातें क्रमबद्ध रूप से की गईं।"

उन राज्यों के, जिनके विलय के सम्बन्ध में विवाद था, बारे में भारत की नीति के सम्बन्ध में लार्ड माउन्टबेटन के अनुसार, "मैंने जूनागढ़ और कश्मीर के प्रकरणों के मध्य समानता बताई और (यह) सुझाव दिया कि जैसे ही राज्य की परिस्थितियाँ अनुकूल हो जाएँ, तभी संयुक्त राष्ट्र संघ की देख-रेख में जनमत-संग्रह कराया जाए। मैंने श्री जिन्ना से कहा कि मैंने विमान में एक सूत्र का प्रारूप तैयार किया है, जिसे मैंने अपनी (भारत) सरकार को नहीं दिखाया है, परन्तु मेरा विचार है कि सम्भवतः वह इसे स्वीकार कर लेगी। वह सूत्र इस प्रकार से है:

"भारत और पाकिस्तान की सरकारें यह स्वीकार करती हैं कि जहाँ राज्य का शासक उस (धर्म) सम्प्रदाय का न हो, जो सम्प्रदाय उसकी

प्रजा में बहुमत रखता हो, और जहाँ राज्य उस उपनिवेश के साथ न मिला हो, जिसका बहुसंख्यक सम्प्रदाय वही हो, जो कि राज्य का हो, तो ऐसे प्रत्येक विषय में राज्य के अन्तिम रूप में एक उपनिवेश अथवा दूसरे उपनिवेश के साथ जुड़ने का प्रश्न निष्पक्ष जनमत-संग्रह द्वारा तय किया जाना चाहिए।"

लार्ड माउन्टबेटन के अनुसार, "श्री जिन्ना ने" इस पर "प्रथम उद्गार यह प्रकट किया कि जनमत-संग्रह अवांछनीय और अनावश्यक है, जबकि यह पूर्णतः स्पष्ट है कि देशी-राज्यों को अपने बहुमत वाले सम्प्रदाय के अनुसार एक अथवा दूसरे उपनिवेश के साथ जुड़ना चाहिए। और यदि हम यह मान लें कि कश्मीर को पाकिस्तान के साथ जुड़ना चाहिए, तो श्री जिन्ना अनुरोध करेंगे कि जूनागढ़ को सीधे भारत के साथ मिल जाना चाहिए।

"मैंने उनसे कहा कि मेरी (भारत) सरकार विलयकर्ता शासक या सरकार की इच्छा के विरुद्ध किसी राज्य के सम्मिलन को परिवर्तित करना कदापि स्वीकार नहीं करेगी, सिवाय इसके कि जनमत-संग्रह यह इंगित करे कि अमुक राज्य का विलय जन-इच्छा के विरुद्ध हुआ है।

"श्री जिन्ना ने आगे यह कहा कि मैं यह सूत्र स्वीकार नहीं करूँगा, यदि उसे इस तरह तैयार किया जाए कि उसमें हैदराबाद का (भी) समावेश हो जाए; क्योंकि हैदराबाद किसी भी उपनिवेश के साथ जुड़ना नहीं चाहता, और मैं उसे विलय हेतु दबाने में सहमत नहीं हो सकता हूँ।

"मैंने प्रयत्न करने और हैदरबाद की कठिनाई को टालने की पुष्टि से ऐसे देशी-राज्यों का तनिक उल्लेख करना चाहा, जिनका विलय विवादित था, तो श्री जिन्ना ने कहा कि यदि प्रश्न उनके समक्ष प्रस्तुत किया गया, तो वे इस पर सावधानीपूर्वक विचार करेंगे।"

इसके बाद, मान्उटबेटन के अनुसार, "मैंने (उन्हें) बताया कि आप किसी सिद्धान्त को कश्मीर के विषय में लागू करने की सचमुच में ही आशा नहीं कर सकते हैं, यदि इसे जूनागढ़ व हैदराबाद के विषय में लागू नहीं किया जाता है। इतना अवश्य है कि हम यह आशा नहीं रखेंगे कि निजाम (हैदराबाद) की इच्छा के विरुद्ध बलात् किए जाने वाले विलय में साथ दें।"

हैदराबाद और जूनागढ़, जिन्हें श्री जिन्ना कश्मीर समस्या के साथ जोड़कर देखते थे, पर चर्चा के बाद कश्मीर के सम्बन्ध में जो वार्तालाप हुआ, उसके बारे में लार्ड माउन्टबेटन के अनुसार, "मैंने भारतीय सेनाओं के प्रमुखों द्वारा हस्ताक्षरित घटनाक्रम का वह वक्तव्य श्री जिन्ना के हाथ में दिया, जो मैंने श्री लियाकत अली खान को दिखाया था।[1]

"जिन्ना ने (इस पर) मुझसे पूछा कि क्या वे उसे अपने पास रख सकते हैं? मैंने उनसे मूल वक्तव्य वापस ले लिया तथा उसकी बिना हस्ताक्षर वाली एक प्रति उन्हें दे दी। यद्यपि उन्होंने उस उल्लेखनीय गति पर आश्चर्य व्यक्त किया, जिस गति से हमने अपनी सैनिक टुकड़ियाँ विमानों द्वारा श्रीनगर भेजने की व्यवस्था की, परन्तु उन्होंने मेरे वक्तव्य या सेनापतियों के वक्तव्य पर कोई सन्देह प्रकट नहीं किया।

"श्री जिन्ना की मुख्य शिकायत यह थी कि भारत सरकार कश्मीर में जो कार्यवाही करना चाहती थी, उसकी समय पर पाकिस्तान सरकार को सूचना देने में वह चूक गई।

"घटनाएँ जिस तीव्र गति से घटित हुईं, मैंने उनकी ओर उनका ध्यानाकर्षित किया। 24 अक्टूबर, 1947 को संध्या से पूर्व कश्मीर में कबायलियों की घुसपैठ की विश्वस्त सूचना नहीं मिली थी और इन सूचनाओं की पुष्टि करने के लिए 25 अक्टूबर से पूर्व निरीक्षक कश्मीर में

नहीं भेजे गए थे। इस प्रकार भारतीय सैनिक टुकड़ियाँ कश्मीर भेजने का निर्णय 26 अक्टूबर (1947) से पूर्व नहीं लिया गया था, जिस तिथि को महाराजा (हरि सिंह) ने भारत के साथ मिलने की अपनी इच्छा की घोषणा की। नष्ट करने के लिए एक पल का समय भी न मिला था। मैंने आगे कहा कि निश्चित समय का स्मरण करने में तो मैं सक्षम नहीं हूँ, लेकिन मुझे प्रतीत होता है कि सैनिक टुकड़ियों को भेजने का निर्णय लेते ही इस सम्बन्ध में पण्डित नेहरू ने श्री लियाकत अली खान को तार भेजा था।

"श्री जिन्ना ने शिकायत की कि उन्हें सूचना बहुत पहले ही दी जानी चाहिए थी—वस्तुतः 24 अक्टूबर को दे दी जानी चाहिए थी। उन्होंने कहाः

"यदि भारत सरकार ने उस तिथि को इस आशय का तार भेजा होता कि कश्मीर में गम्भीर स्थिति उत्पन्न हो जाने के समाचार उसे प्राप्त हुए हैं, तथा उसने इन समाचारों की पुष्टि करने के लिए अनेक नागरिक कश्मीर भेजे हैं, और यह (भी) सुझाया होता कि पाकिस्तान को इस स्थिति का सामना करने में सहयोग देना चाहिए, तो अब तक सारी कठिनाई दूर हो गई होती।"

लार्ड माउन्टबेटन ने आगे कहा, "लार्ड इस्में इस बात से सहमत थे कि पाकिस्तान सरकार को यथासम्भव शीघ्र-से-शीघ्र इस बात की सूचना दी जानी चाहिए थी। ब्रिटेन से दिल्ली लौटते ही सर्वप्रथम यही बात उन्हें सूझी थी और उनकी निःसन्देह ऐसी धारणा है कि ऐसा (ही) किया गया था। मेरी पूर्ण स्मृति के अनुसार 28 अक्टूबर (1947) को पण्डित नेहरू ने मुझसे (यह) कहा था कि जो कुछ भी घटित हुआ है, उसकी सूचना वे श्री लियाकत अली खान को निरन्तर देते रहे हैं। यदि

ऐसा नहीं किया गया हो, तो इसका कारण यह नहीं था कि भारत सरकार को कोई बात छिपानी थी, अपितु यह था कि घटनाक्रम के दबाव के चलते ऐसा करने से वह चूक गई।

"श्री जिन्ना ने अपनी फाईल देखी और कहा कि भारतीय सेना की टुकड़ियों के श्रीनगर में उतर जाने के बाद ही तार पहुँचा था और उसमें इस विषय में दोनों उपनिवेशों के मध्य सहयोग के लिए किए जाने वाले अनुरोध का कोई प्रस्ताव नहीं था; तार में केवल भारत के साथ कश्मीर के विलय की और सैनिक टुकड़ियों को श्रीनगर में उतारने की सूचना दी गई थी। अपने कथन को निरन्तर जारी रखते हुए उन्होंने कहा कि कश्मीर का यह विलय वास्तविक नहीं है, क्योंकि उसका आधार 'धोखा तथा हिंसा' है; और पाकिस्तान उसे कभी स्वीकार नहीं करेगा। मैंने उनसे पूछा कि आपने 'धोखा' शब्द का प्रयोग क्यों किया? क्योंकि कश्मीर के महाराजा को पाकिस्तान के अपने वक्तव्य के अनुसार, जो मैंने अभी आपके समक्ष पढ़कर सुनाया है, ऐसा विलय करने का पूर्ण अधिकार था। इसलिए भारत के साथ कश्मीर का जुड़ना पूर्णतः कानूनी और तर्कसंगत है।

"श्री जिन्ना ने कहा कि यह विलय एक लम्बे षडयंत्र का अन्त है और उसे हिंसा ने उत्पन्न किया है। इसका विरोध करते हुए मैंने कहा मैं पूर्णतः आपके साथ सहमत हूँ कि यह विलय हिंसा के परिणामस्वरूप हुआ है। मैं जानता हूँ कि महाराजा स्वतंत्र रहने के लिए अत्यन्त (ही) उत्सुक थे तथा हिंसा के भय और त्रास ने ही महाराजा को भारत के साथ मिलने के लिए बाध्य किया है। परन्तु यह हिंसा कबायलियों की ओर से हुई है, जिसके लिए पाकिस्तान उत्तरदायी है; इसलिए (यह) स्पष्ट है कि

महाराजा को आक्रमणकारियों के विरुद्ध सहायता प्राप्त करने के लिए भारत के साथ मिलना पड़ा है। श्री जिन्ना ने बारम्बार यह बात स्पष्ट की कि उनकी राय में यह हिंसा भारत ने अपने सैन्य बलों को श्रीनगर में भेजकर की है। मैंने भी बारम्बार उपरोक्त तर्क सामने रखकर उनकी इस बात का विरोध किया। इससे श्री जिन्ना बात समझने की मेरी अस्पष्ट-अशक्ति पर बहुत नाराज हुए।

"उक्त मुद्दे से हटकर श्री जिन्ना कहने लगे कि भारत सरकार के अधिकारियों ने कश्मीर सरकार को पुंछ और मीरपुर क्षेत्रों में मुसलमानों का नरसंहार करने को प्रोहत्साहित किया। मैंने इसे स्पष्टः झूठ बताकर इसका खण्डन किया। तब वे कहने लगे, "बहुत अच्छा, तो यह कार्य काँग्रेस दल ने किया।" मैंने (उन्हें) बताया कि यदि पुंछ क्षेत्र में हिन्दुओं द्वारा मुसलमानों का कोई ऐसा नरसंहार हुआ हो (जिससे मैंने मना नहीं किया), तो वह पूर्णतः कश्मीरी हिन्दुओं ने किया (होगा); परन्तु यह नरसंहार उन्होंने कबायलियों को, जो कश्मीर पर आक्रमण करने के उद्देश्य से श्रीनगर के निकट आ गए थे, उभारने के उद्देश्य से किया होगा, ताकि महाजन[2] को भारत की सहायता लेने के लिए भारतीय उपनिवेश के साथ जुड़ने का अवसर मिल सके।

"तदोपरान्त मैंने श्री जिन्ना को विस्तृत रूप से वह नीति समझाई, जिसका मैंने कश्मीर के सन्दर्भ में निरन्तर अनुसरण किया था। अर्थात मैंने (कश्मीर के सम्बन्ध) महाराजा को राज्य में प्रगतिशील सरकार स्थापित करने, निश्चित रूप से अपनी प्रजा की इच्छा को जानने और उसके बाद 15 अगस्त, 1947 से पूर्व (ही) प्रजा की पसन्द के उपनिवेश के साथ जुड़ जाने की बात को समझाने का प्रयास किया। मैंने पुनः उनसे

(जिन्ना से) कहा कि जब जुलाई (1947) में मैं कश्मीर गया था, तब मैंने महाराजा को ऐसा करने के लिए समझाने का किस प्रकार से प्रयत्न किया और कैसे मैंने महाराजा को अपने व्यक्तिगत विचारों से अवगत कराया, जब मैं कार द्वारा उनके साथ यात्रा कर रहा था; परन्तु जब मैंने अपनी भेंट के अन्तिम दिन उनके प्रधानमंत्री और अपने निजी सचिव की उपस्थिति में एक औपचारिक बैठक आहूत करने की इच्छा प्रकट की, तो उन्होंने बीमार पड़ना पसन्द किया और बैठक को टालने के लिए उन्होंने शय्या पकड़ ली? श्रीनगर से प्रस्थान करते समय मैंने रेंजिडंट को कहा कि वे महाराजा को सरकारी स्तर से यह परामर्श देते रहें; और अन्त में लार्ड इस्में अगस्त (1947) के अन्त में महाराजा को यह परामर्श देने के उद्देश्य से कश्मीर गए कि वे शीघ्रता करें और विलय के सम्बन्ध में जनता की इच्छा को निश्चित रूप से जान लें। परन्तु महाराजा सतत् इस विषय को टालते रहे और चर्चा को हल्की बातों की ओर मोड़ते रहे।

"श्री जिन्ना ने मेरी उक्त नीति की खूब प्रशंसा की और यह स्वीकार किया कि जब वे दिल्ली आए थे, तब मैंने ही कश्मीर के भूतपूर्व प्रधानमंत्री (पण्डित काक[3]) को उनके सम्पर्क में रखा था।

"इसके उपरान्त श्री जिन्ना ने उस वक्तव्य का उल्लेख किया, जो उन्होंने आज ही प्रेस को दिया था और अपनी कठिनाइयों को बड़ा स्वरूप प्रदान करते हुए बताया कि वे कश्मीर के महाराजा के साथ अथवा उनके प्रधानमंत्री के साथ व्यक्तिगत रूप से अथवा अपने प्रतिनिधियों के माध्यम से कोई उचित वार्तालाप नहीं कर पा रहे हैं। उन्होंने यह भी कहा कि अपने इस दृष्टिकोण के कारण न केवल महाराजा ने अपनी आज की कठिनाइयों को जन्म दिया है, अपितु अपने डोगराओं को निर्दोष मुसलमानों

की हत्या के लिए उत्तेजित करके इन कठिनाइयों को बहुत बढ़ा भी लिया है। अन्त में उन्होंने कहा कि आज भी नब्बे हजार मुसलमान जम्मू में ऐसे हैं, जिनकी हत्या की आशंका है।

"मैंने श्री जिन्ना से कहा कि जो हत्याएँ हुई हैं, उन पर पण्डित नेहरू ने गहरी चिन्ता व्यक्त की है, तथा इस आशा से कठोर आदेश दिए हैं कि हत्याओं को रोकने के लिए हर सम्भव उपाय किए जाएँगे। केवल कल रात को ही मैंने एक भारतीय ब्रिगेडियर के माध्यम से, जो अभी-अभी कश्मीर से लौटे थे, इस प्रकार के आदेशों की पुनरावृत्ति की है, ब्रिगेडियर ने पूर्णतः व आवश्यक रूप से मुसलमानों की हत्याओं को रोकने की स्वीकारोक्ति की है।

"मैंने श्री जिन्ना को सूचना दी कि हमारी दो हजार सैनिकों की एक टुकड़ी श्रीनगर पहुँच चुकी है; आज चौथी बटालियन विमान द्वारा पहुँच जाएगी और पाँचवी बटालियन अगले दो दिनों में श्रीनगर पहुँच जाएगी। मैंने उन्हें (यह भी) बताया कि श्रीनगर को अपने अधिकार में रखने में हमें कोई कठिनाई नहीं होगी और कबायलियों के किसी भी संख्या में श्रीनगर पहुँचने की सम्भावना को बहुत दूर की बात माना जाता है।

"लार्ड इस्में ने सुझाव दिया कि मुख्य बात इस समय लड़ाई को बन्द करने की है; और उन्होंने श्री जिन्ना से पूछा कि ऐसा करने के लिए उनका प्रस्ताव क्या है? श्री जिन्ना ने उत्तर दिया कि दोनों पक्षों को तुरन्त मोर्चे से हट जाना चाहिए। जब मैंने उनसे पूछा कि कबायलियों को मोर्चे से वापस कैसे बुलाया जाएगा, तो उन्होंने उत्तर दिया कि मुझे केवल उन्हें वापस आने का आदेश ही देना होगा और यह चेतावनी देनी होगी कि यदि उन्होंने मेरे आदेश की अवहेलना की, तो उनके आवागमन के मार्ग

पर मुझे भारी संख्या में सेना भेजनी पड़ेगी। उन्होंने मुझसे कहा कि यदि आप मेरे साथ वायुयान से श्रीनगर चलने को तैयार हों, तो मैं (आपको) विश्वास दिलाता हूँ कि 24 घन्टे के भीतर सारी बातें तय हो जाएँगी।

"कबायली आक्रमणकारियों पर उनका इतना नियंत्रण दिखाई देता था, इस पर मैंने हलका-सा आश्चर्य प्रकट किया।

"मैंने श्री जिन्ना से पूछा कि आपके विचार से हमें अपनी सैनिक टुकड़ियाँ कैसे वापस बुलानी चाहिएँ, क्योंकि भारतीय सैनिक टुकड़ियाँ रक्षा का कार्य करने के लिए श्रीनगर की बाह्य सीमा पर तैनात हैं; कबायलियों को तो केवल इतना (ही) करना है कि वे (अपने) आक्रमण रोक दें! मैंने उन्हें यह भी बताया कि हम भारतीय सेनाओं को वापस भेजने के लिए विमान उपलब्ध नहीं करा सकेंगे। इस पर लार्ड इस्में ने सुझाव दिया कि भारतीय टुकड़ियों को बनिहाल दर्रे से वापस जाना चाहिए।

"मैंने श्री जिन्ना से (यह) पूछा, "आप कश्मीर में जनमत-संग्रह का इतना विरोध क्यों करते हैं?" उन्होंने उत्तर दिया, "कारण यह है कि कश्मीर पर भारतीय उपनिवेश के अधिकार के चलते, और शेख अब्दुल्ला के नेतृत्व में नेशनल काँफ्रेंस के वहाँ सत्ता में रहते हुए, मुसलमानों पर प्रचार और दबाव को इस प्रकार प्रभावी बनाया जाएगा कि औसत मुसलमान कभी भी पाकिस्तान के लिए वोट देने का साहस नहीं करेगा।" इस पर मैंने सुझाव दिया कि जनमत-संग्रह का कार्य सम्पन्न कराने के लिए हम संयुक्त राष्ट्र संघ को आमंत्रित कर सकते हैं और मुक्त तथा निष्पक्ष जनमत-संग्रह के लिए आवश्यक वातावरण उत्पन्न करने के लिए हम (संयुक्त) राष्ट्र संघ से ऐसा अनुरोध कर सकते हैं कि वह पहले से

(ही) अपने निरीक्षकों और संगठकों को कश्मीर में भेज दे। मैंने दोहराया कि मेरी सरकार कभी भी यह नहीं चाहेगी कि कपटपूर्ण जनमत-संग्रह के माध्यम से कोई असत्यमय परिणाम प्राप्त किया जाए।

"श्री जिन्ना ने कहा कि वे (स्वयं) और मैं (माउन्टबेटन), केवल दो ही व्यक्ति, जनमत-संग्रह की व्यवस्था कर सकते हैं; हम दोनों को साथ मिलकर यह कार्य करना चाहिए। मैंने और लार्ड इस्में ने उन्हें यह समझाने का भरसक प्रयत्न किया कि मैं भारत का वैधानिक गवर्नर-जनरल हूँ, और अंग्रेज हूँ; और यदि मेरी सरकार इस कार्य के निष्पादन में मुझ पर पर्याप्त विश्वास रखे, तो भी मैं निश्चयपूर्वक कह सकता हूँ कि श्री एटली इसके लिए अपनी स्वीकृति नहीं देंगे।

"श्री जिन्ना ने अत्यन्त ही उग्र शब्दों में यह शिकायत की कि भारत सरकार द्वारा उदारतापूर्वक चर्चा के उद्देश्य से लाहौर पधारने का उनका निमंत्रण स्वीकार कर लिए जाने के उपरान्त (भी) केवल एक व्यक्ति[4] की बीमारी के कारण (उनके स्थान पर) दूसरे मंत्री को वार्तार्थ लाहौर आने से रोक दिया। उदाहरण के लिए क्या सरदार पटेल नहीं आ सकते थे? इस समस्या पर साथ मिलकर वार्ता करना अति आवश्यक था। उन्होंने तब भी मुझसे यह पूछा कि पण्डित नेहरू कितनी जल्दी लाहौर आ सकते हैं?

"मैने यह कहकर उनकी बात का विरोध किया कि क्योंकि मैं (स्वयं) लाहौर आ गया हूँ, इसलिए अब आपकी दिल्ली आने की बारी है, और मैंने उन्हें अपने अतिथि के रूप में अपने साथ ठहरने का हार्दिक निमंत्रण दिया, तथा कहा कि मैं आपको (स्वयं) पण्डित नेहरू के शयन-कक्ष में उनसे मिलाने ले जाऊँगा।

"श्री जिन्ना ने उत्तर दिया, "यह असम्भव है।" मैंने उन्हें बताया कि मैं व्यक्तिगत रूप से पण्डित नेहरू को देखने के लिए उनके शयन-कक्ष में गया था और यहाँ मैं आपके प्रधानमंत्री से उनके शयन-कक्ष में भी मिलने गया। मेरी समझ में यह नहीं आता कि आपको दिए गए मेरे सुझाव में अनुचित क्या है? उन्होंने मुझे विश्वास दिलाया है कि यह किसी के शयन-कक्ष में मिलने जाने (मात्र) का (ही) प्रश्न नहीं है, अपितु वे कार्य में इतने व्यस्त हैं कि अपने प्रधानमंत्री के शय्याग्रस्त होने के कारण उनके पास लाहौर से प्रस्थान करने का समय नहीं है।

"उपरान्त मैंने उनसे पूछा, क्या कश्मीर की समस्या से अधिक गम्भीर या उससे अधिक आवश्यक दूसरी कोई समस्या है? मैंने उन्हें यह भी बताया कि जब कार्यों में हम इतने अधिक व्यस्त हों, तब हमें उन्हें प्राथमिकता के क्रम से निर्धारित करने की व्यवस्था करनी होती है। यदि आप स्वीकार करते हैं कि कश्मीर का स्थान इनमें सर्वप्रथम है, तो अन्य समस्त कार्य एक ओर रख दिए जाने चाहिएँ और आपको तुरन्त दिल्ली आना चाहिए। उत्तर में उन्होंने कहा, "मुझे खेद है कि ऐसा किया जाना असम्भव है, लाहौर में घटनाओं का सारा भार मेरे ही कन्धों पर है।" मैंने स्पष्ट किया कि उन्हें केवल एक दिन के लिए ही दिल्ली आना है और इस बार मैं उनका आतिथ्य करना चाहता हूँ। श्री जिन्ना ने कहा, "मैं आपसे मिलने आने को सौ बार तैयार हूँ; बात केवल इतनी है कि अपने प्रधानमंत्री के बीमार रहने की स्थिति में मैं दिल्ली आने में सक्षम नहीं हूँ।" मैंने उनसे कहा कि जैसे ही आपके प्रधानमंत्री का स्वास्थ्य यात्रा करने योग्य हो जाए, तभी तुरन्त आप दिल्ली आ जाएँ। उन्होंने उत्तर दिया कि उन्हें सोचना होगा।

"लार्ड इस्में ने कहा कि अन्तर्राष्ट्रीय धरातल पर अच्छा दिखाई देने के लिए आपके समक्ष श्रेष्ठ मार्ग यही है कि आप गवर्नर-जनरल[5] की भेंट के बदले में दिल्ली आएँ और कश्मीर के सम्बन्ध में पण्डित नेहरू के साथ चर्चा करें। श्री जिन्ना ने कहा कि जब उन्होंने ब्रिटिश राष्ट्र-मण्डल से पाकिस्तान की सहायता के लिए आगे आने का अनुरोध किया और उसने उनकी विनती को स्वीकार नहीं किया, तब से उन्हें इस बात में कोई रुचि नहीं रही कि विश्व उनके सम्बन्ध में क्या सोचता है?

"जिस प्रकार मैंने बैठक का आरम्भ किया था, उसी भाँति यह बात एकदम स्पष्ट करते हुए मैंने बैठक को समाप्त (भी) किया कि मैं वार्तार्थ कोई मुद्दे तय किए बिना अनाधिकृत रूप से कश्मीर पर चर्चा करने के लिए आपके पास आया हूँ, क्योंकि पण्डित नेहरू ने मेरे साथ लाहौर आने में असमर्थता प्रकट की और उसके बाद उनसे भेंट करने का मुझे अवसर नहीं मिला। मैंने उनसे कहा कि मैं भारत के गवर्नर-जनरल के नाते बात नहीं कर रहा था, अपितु भूतपूर्व वायसराय के तौर पर वार्ता कर रहा था; क्योंकि मैं भारत के विभाजन के लिए उत्तरदायी रहा हूँ और यह देखने के लिए उत्सुक हूँ कि इस विभाजन का परिणाम दोनों (ही) उपनिवेशों के लिए हानिकारक सिद्ध न हो। इस पर श्री जिन्ना बोले, 'मैं इसे भली-भाँति समझता हूँ, लेकिन यह आशा करता हूँ कि जिन विभिन्न प्रस्तावों के सन्दर्भ में हमने वार्ता की है, उन पर आप पण्डित नेहरू से चर्चा कर सकेंगे और निश्चित रूप से मुझे तार द्वारा सूचित करेंगे।" मैंने उनका यह संदेश पण्डित नेहरू तक पहुँचाने का उत्तरदायित्व लिया।

"संध्या के लगभग पाँच बजे थे। यह स्पष्ट था कि यदि हम श्री लियाकत अली खान को मिलने जाते तो बहुत देर हो जाती। इसलिए

लार्ड इस्में (वार्ता) कक्ष को छोड़कर फोन पर उनसे क्षमा माँगने के लिए गए। मैंने लार्ड इस्में की अनुपस्थिति का लाभ उठाते हुए श्री जिन्ना को कुछ खरी-खरी बातें सुना दीं। मैंने उनसे कहा कि आप भारत के प्रधानमंत्री के लाहौर आने और मैत्रीपूर्ण ढंग से कश्मीर प्रश्न पर ही चर्चा करने की आशा रखते थे, उसके कुछ ही घन्टे पूर्व आपका ऐसा वक्तव्य देना, जो भारत सरकार पर "धोखाधड़ी और हिंसा" करने का सीधा आरोप लगाता हो, मुझे तो (किसी भी) राजनीतिज्ञ को शोभा न देने वाला, अनुपयुक्त और अशिष्टतापूर्ण लगता है। यदि पण्डित नेहरू यहाँ आने की स्थिति में होते, तो जानबूझकर किया गया और साथ ही असमय किया गया (ऐसा) अपमान पुनः उनके बुखार को बढ़ाने के लिए पर्याप्त होता। अन्त में मैंने उन्हें यह बताया कि मेरी दृष्टि में पाकिस्तान भारत की अपेक्षा अत्यधिक दुर्बल स्थिति में है, न केवल स्पष्टतः सैन्य दृष्टि से, अपितु नैतिक दृष्टि से भी। मेरा विश्वास है कि संसार यही सोचेगा कि पाकिस्तान दोषी है; और वार्ता आरम्भ होने से पूर्व इस प्रकार का कोई आरोप पाकिस्तान को केवल अधिक बड़ा दोषी ही ठहरा सकता है।

"अन्त में श्री जिन्ना अतिशय निराशावादी हो गए और कहने लगे, "यह पूर्णतः स्पष्ट है कि भारत पाकिस्तान का जन्म होते ही उसका गला घोंट देने पर उतारू है। और यदि भारत ने अपनी यह दमनात्मक नीति जारी रखी, तो पाकिस्तान के पास इसके परिणामों का सामना करने के अतिरिक्त दूसरा कोई चारा नहीं रह जाएगा। सम्भावना चाहे जितनी भी निराशाजनक हो, तो भी मैं भयभीत नहीं होता हूँ, क्योंकि स्थिति इतनी अधिक बिगड़ चुकी है कि उसे अधिक बिगाड़ने के लिए शायद ही कुछ किया जा सकता है।" मैंने उनसे कहा निश्चित ही युद्ध भारत के

लिए अत्यन्त हानिकारक सिद्ध होगा, लेकिन पाकिस्तान के लिए तो वह सर्वनाशकारी ही सिद्ध होगा।

"लार्ड इस्में ने निराशा से बाहर निकालकर उन्हें प्रसन्न करने का प्रयत्न किया, परन्तु मैं मानता हूँ कि इसमें वे बहुत सफल नहीं हुए। तो भी हम मित्रों की भाँति एक-दूसरे से विदा हुए।"

4

भारतीय संविधान की धारा (अनुच्छेद) 370, जो जम्मू और कश्मीर राज्य के सम्बन्ध में है

"जम्मू-कश्मीर राज्य के सम्बन्ध में उपबन्ध–(1) इस संविधान में किसी बात के होते हुए भी:

"(क) अनुच्छेद 238 के उपबन्ध जम्मू-कश्मीर राज्य के सम्बन्ध में लागू नहीं होते;

"(ख) उक्त राज्य के लिए विधि बनाने की संसद की शक्तिः

"(i) संघ-सूची और समवर्ती-सूची के उन विषयों तक सीमित होगी, जिनको राष्ट्रपति, उस राज्य की सरकार से परामर्श करके, उन विषयों के तत्स्थानी विषय घोषित कर दें, जो भारत डमिनिअन में उस राज्य के अधिमिलन को शासित करने वाले अधिमिलन पत्र में ऐसे विषयों के रूप में विनिर्दिष्ट हैं, जिनके सम्बन्ध में डमिनियन विधानमण्डल उस राज्य के लिए विधि बना सकता है; और

"(ii) उक्त सूचियों के उन अन्य विषयों तक सीमित होगी, जो राष्ट्रपति, उस राज्य की सरकार की सहमति से, आदेश द्वारा विनिर्दिष्ट करें।

"स्पष्टीकरण—इस अनुच्छेद के प्रयोजनों के लिए, उस राज्य से वह व्यक्ति अभिप्रेत है, जिसे राष्ट्रपति से, जम्मू-कश्मीर के महाराजा की 5 मार्च, 1948 की उद्घोषणा के अधीन तत्समय पदस्थ मंत्रिपरिषद की सलाह पर कार्य करने वाले जम्मू-कश्मीर के महाराजा के रूप में तत्समय मान्यता प्राप्त थी;

"(ग) अनुच्छेद 1 और इस अनुच्छेद के उपबन्ध उस राज्य के सम्बन्ध में लागू होंगे;

"(घ) इस संविधान के ऐसे अन्य उपबन्ध ऐसे अपवादों उपांतरणों के अधीन रहते हुए, जो राष्ट्रपति द्वारा[6] विनिर्दिष्ट हों, उस राज्य के सम्बन्ध में लागू होंगे;

परन्तु ऐसा कोई आदेश जो उपखण्ड (ख) के पैरा (i) में निर्दिष्ट राज्य के अधिमिलन पत्र में विनिर्दिष्ट विषयों से सम्बन्धित है, उस राज्य की सरकार से परामर्श करके ही किया जाएगा, अन्यथा नहीं;

"परन्तु यह और कि ऐसा कोई आदेश, जो अन्तिम पूर्ववर्ती परंतुक में निर्दिष्ट विषयों से भिन्न विषयों से सम्बन्धित है, उस सरकार की सहमति से ही किया जाएगा, अन्यथा नहीं।

"(2) यदि खण्ड (i) के उपखण्ड (ख) के पैरा (ii) में या उस खण्ड के उपखण्ड (घ) के दूसरे परंतुक में निर्दिष्ट उस राज्य की सरकार की सहमति, उस राज्य का संविधान बनाने के प्रयोजन के लिए संविधान सभा के बुलाए जाने से पहले दी जाए, तो उसे ऐसी संविधान सभा के समक्ष ऐसे विनिश्चय के लिए रखा जाएगा, जो वह उस पर करे;

"(3) इस अनुच्छेद के पूर्वगामी उपबंधों में किसी बात के होते हुए भी, राष्ट्रपति लोक अधिसूचना द्वारा घोषणा कर सकेगा कि यह

अनुच्छेद प्रवर्तन में नहीं रहेगा या ऐसे अपवादों और उपांतरणों सहित ही और ऐसी तारीख से, प्रवर्तन में रहेगा जो वह विनिर्दिष्ट करे;

"परन्तु राष्ट्रपति द्वारा ऐसी अधिसूचना निकाले जाने से पहले खण्ड (2) में निर्दिष्ट उस राज्य की संविधान सभा की सिफारिश आवश्यक होगी।"

5

शेख अब्दुल्ला द्वारा 26 सितम्बर, 1947 को महाराजा हरि सिंह को लिखा गया पत्र

"लगभग डेढ़ वर्ष कारागार में रहने के उपरान्त अपनी चिर-प्रतिक्षित अभिलाषा के अनुसार मुझे ठाकुर निचंतनन्द[7] के साथ विस्तृत वार्ता करने का अवसर प्राप्त हुआ। इस काल में राज्य में जो-जो दुर्भाग्यपूर्ण घटनाएँ घटीं, उनका उल्लेख करने की मेरे लिए आवश्यकता नहीं है। लेकिन राज्य का हित चाहने वाले प्रत्येक व्यक्ति ने अब यह अनुभव किया है कि अतीत की अनेक दुखद घटनाएँ मुख्यतः उन गलतफहमियों के कारण हुई हैं, जो अब प्रमुखतः अपने स्वार्थ की सिद्धि चाहने वाले लोगों द्वारा जानबूझकर उत्पन्न की गई प्रतीत होती हैं। राज्य के पूर्व प्रधानमंत्री राय बहादुर रामचन्द्र काक ने अपने दुष्टतामय ढंग और बुरी-से-बुरी सम्भव चालबाजियों द्वारा इन गलतफहमियों को चरमसीमा पर पहुँचा दिया और अपने इस प्रयत्न में वे एक सीमा तक सफल भी हुए। उन्होंने मेरी संस्था[8] को और मुझे काले-से-काले सम्भव स्वरूप में चित्रित किया और आप श्रीमान् को और आपकी प्रजा को एक-दूसरे के

निकट लाने के लिए हमने जो कुछ किया (था), अथवा करने का प्रयत्न किया (था), उसमें मुझे (उल्टे) आरोपित किया और नीच व स्वार्थी होने का मुझ पर आरोप लगाया, लेकिन भगवान की कृपा है कि श्रीमान् के राज्य के इन समस्त शत्रुओं की नीयत का खुलासा हो गया है।

"भूतकाल में जो कुछ भी हुआ है, उसके उपरान्त (भी) मैं श्रीमान् को यह विश्वास दिलाता हूँ कि मैंने और मेरे दल ने आपके प्रति, राजसिंहासन के प्रति अथवा आपके वंश के प्रति कभी भी अश्रद्धा की भावना नहीं रखी। इस सुन्दर भूमि का विकास और इसकी जनता का कल्याण एवं उन्नति हम सबका एक समान लक्ष्य और हित है तथा मैं श्रीमान् को अपने व अपने दल के पूर्ण व सच्चे समर्थन का विश्वास दिलाता हूँ। यही नहीं, मैं श्रीमान् को यह विश्वास भी दिलाता हूँ कि राज्य के भीतर अथवा राज्य के बाहर कोई दल यदि इस लक्ष्य को प्राप्त करने के हमारे प्रयत्नों में बाधा उत्पन्न करेगा, तो उसे हम अपना शत्रु समझेंगे और उसके साथ शत्रुवत् व्यवहार ही करेंगे।

"उपरोक्त वर्णित लक्ष्य को प्राप्त करने के लिए परस्पर विश्वास और मित्रभाव प्रमुख आधार होना चाहिए। इसके बिना हमारे राज्य पर चहुँओर से जो विपत्तियाँ आन पड़ी हैं, उनका सफलता के साथ सामना करना सम्भव नहीं होगा।

"यह पत्र पूरा करने से पहले मैं एक बार पुनः श्रीमान् को अपनी सत्यमयी और सुदृढ़ निष्ठा का विश्वास दिलाना चाहता हूँ और भगवान से प्रार्थना करता हूँ कि वह श्रीमान् की छत्रछाया में इस राज्य को ऐसी शान्ति, समृद्धि और (साथ ही ऐसा) सु-राज्य प्राप्त करने का (भी) अवसर दें, जो (कि) अनोखा हो और अन्यों के लिए अनुकरणीय सिद्ध हो (सके)।"

6

अनुच्छेद 306-अ का संशोधित अभिलेख (जो एन० गोपालास्वामी द्वारा 15 अक्टूबर, 1949 को तैयार किया गया)

"306 (अ) (1) इस संविधान में किसी भी बात के रहते हुए:

"जम्मू-कश्मीर राज्य से सम्बन्धित धाराएँ: (क) इस संविधान के अनुच्छेद 211 की व्यवस्थाएँ जम्मू और कश्मीर राज्य के सम्बन्ध में लागू नहीं होगी;

"(ख) राज्य के लिए कानून बनाने की लोकसभा की सत्ता सीमित रहेगी:

"(1) संघ-सूची तथा समवर्ती-सूची में दर्ज उन बातों तक, जो राष्ट्रपति की घोषणा के अनुसार उन बातों से मिलती हैं, जो भारत-संघ में राज्य के सम्मिलन पर प्रभाव डालने वाले सम्मिलन समझौते में उल्लिखित ऐसी बातें हैं, जिनके बारे में संघीय विधान सभा उस राज्य के बारे में कानून बना सकती है; और

"(2) उपर्युक्त सूचियों में दर्ज ऐसी बातों तक, जिनका राष्ट्रपति उस राज्य की सहमति से, आदेश द्वारा, विशेष उल्लेख करें;

"(ग) इस संविधान के अनुच्छेद-1 और भाग-2 की व्यवस्थाएँ उस राज्य के सम्बन्ध में लागू होंगी;

"(घ) इस संविधान की अन्य व्यवस्थाएँ उस राज्य के सम्बन्ध में लागू होंगी—परन्तु वे उन अपवादों और संशोधनों के अधीन रहेंगी, जिनका राष्ट्रपति, आदेश द्वारा, विशेष उल्लेख करें:

"(1) उस राज्य की सरकार के साथ विचार-विमर्श करने के बाद—उन विषयों में जहाँ ऐसे अपवाद अथवा संशोधन इस अनुच्छेद की धारा (क) या धारा (ख) के कारण अथवा निमित्त से, अथवा परिणाम स्वरूप आवश्यक हो; औरः (2) अन्य विषयों में उस सरकार की सहमति से;

"(2) इस अनुच्छेद की पूर्ववर्ती धारा में किसी भी बात के रहते हुए राज्य का संविधान तैयार करने के लिए रची गई संविधान सभा की संस्तुति पर राष्ट्रपति अपने द्वारा बताई गई तिथि से यह आदेश निकाल सकते हैं कि यह अनुच्छेद अब कार्यक्षम नहीं रहेगा, अथवा केवल स्वीकृत अपवादों तथा संशोधनों के साथ ही कार्यक्षम रहेगा।"

7

13 नवम्बर, 1974 को नई दिल्ली में हुआ समझौता

"1. जम्मू और कश्मीर राज्य, जो भारतीय संघ की एक इकाई है, के संघ के साथ सम्बन्धों का संचालन भारतीय संविधान के अनुच्छेद 370 के अनुसार ही होगा;

"2. कानून बनाने की शेष शक्तियाँ राज्य के पास रहेंगी; लेकिन बाध्यकारी गतिविधियों के सम्बन्ध में, जो भारत की प्रभुसत्ता या क्षेत्रीय एकता को भंग करने वाली हों, उन पर प्रश्न-चिह्न लगाने वाली हों, या उनसे इंकार करने वाली हों, अथवा भारतीय संघ से किसी एक भाग को अलग करने वाली हों, या भारत के राष्ट्रीय ध्वज, भारत के राष्ट्रीय गान

और संविधान का असम्मान करने वाली हों, कानून बनाने की संसद की शक्ति यथावत् जारी रहेगी;

"3. जम्मू और कश्मीर राज्य पर कोई रूपान्तर और परिवर्तन से सम्बन्धित भारतीय संविधान के प्रावधान जहाँ लागू किए गए थे, ऐसे रूपान्तरों और परिवर्तनों को अनुच्छेद 370 के तहत राष्ट्रपति के आदेश द्वारा बदला या समाप्त किया जा सकता है, इस सन्दर्भ में प्रत्येक प्रस्ताव पर उसकी अपनी पात्रता के आधार पर विचार किया जाएगा; लेकिन जम्मू और कश्मीर राज्य पर भारतीय संविधान के पहले से ही लागू प्रावधान, बिना रूपान्तरण या परिवर्तन के अविकल्पनीय हैं;

"4. जम्मू और कश्मीर राज्य के कल्याणकारी उपायों, सांस्कृतिक विषयों, सामाजिक सुरक्षा, व्यक्तिगत कानून और कार्यविधि कानून से सम्बन्धित विधायन की स्वतंत्रता को सुनिश्चित करने के दृष्टिकोण से, ताकि वह राज्य के विशेष दर्जे के अनुकूल हो, इस बात पर सहमति हुई कि राज्य सरकार समवर्ती-सूची से सम्बन्धित किसी भी विषय पर 1953 के बाद राज्य के लिए बनाए गए कानूनों या कानूनों को दिए गए विस्तार की समीक्षा कर सकती है, और यदि उसके मत में उनमें किसी संशोधन की आवश्यकता हो, या उनकी समाप्ति की आवश्यकता हो, तो वह उसका निर्णय कर सकती है। उसके बाद भारतीय संविधान के अनुच्छेद 254 के अनुसार उचित कदम उठाए जा सकते हैं। ऐसे विधायन पर राष्ट्रपति की सहमति के बारे में सहानुभूतिपूर्वक विचार होगा। यही दृष्टिकोण भविष्य में संसद द्वारा अनुच्छेद की धारा 2 के प्रावधानों के तहत बनाए जाने वाले कानूनों के सम्बन्ध में भी अपनाया जाएगा। राज्य सरकार से ऐसे किसी कानून के राज्य में लागू करने के बारे में परामर्श

किया जाएगा और राज्य सरकार के मत पर पूरा-पूरा विचार किया जाएगा;

"5. अनुच्छेद 368 के (प्रावधानों के) अन्तर्गत करने योग्य प्रबंधनार्थ, राज्य में लागू उस अनुच्छेद में कोई अनुकूल संशोधन राष्ट्रपति के आदेश से इस आशय से किया जाना चाहिए कि जम्मू और कश्मीर राज्य के विधानमण्डल द्वारा बनाया गया कोई भी कानून, जो जम्मू और कश्मीर के संविधान के प्रावधानों में परिवर्तन से सम्बन्धित हो, या निम्नलिखित विषयों के बारे में हो, तब तक प्रभावी न होगा, जब तक वह राष्ट्रपति के विचारार्थ सुरक्षित रहे, और जब तक उनकी स्वीकृति उसे न मिल जाए; (वे) विषय है:

"(अ) राज्यपाल की नियुक्ति, शक्तियाँ, कार्य, कर्तव्य, विशेषाधिकार और सुरक्षाएँ; तथा

"(ब) चुनावों के उपरान्त के विषय, अर्थात भारत के निर्वाचन आयोग का अधीक्षण, निर्देशन और नियंत्रण, बिना भेदभाव के मतदाता सूचियों में समावेश की सक्षमता, वयस्क मताधिकार, और विधान परिषद की संरचना व जम्मू और कश्मीर राज्य के संविधान के भाग 138, 139, 140 तथा 50 में वर्णित विषय।

"6. राज्यपाल और मुख्यमंत्री के नामकरण के प्रश्न पर कोई समझौता सम्भव नहीं हो सका और इस प्रकार विषय को प्रमुखों को भेजा जाता है।"

"मिर्जा मुहम्मद अफजल बेग", "जी0 पार्थसारथी"

"नई दिल्ली"

"नवम्बर 13, 1974

सन्दर्भ :

1. वक्तव्य के अनुसार, "यह आरोप लगाया गया है कि 22 अक्टूबर (1947) से पूर्व किसी दिन भारतीय सेनाओं को कश्मीर में भेजने की योजना बनाई गई थी। 22 अक्टूबर वह तिथि है, जिस दिन एबोटाबाद की ओर से राज्य पर आक्रमण प्रारम्भ हुआ था। (कश्मीर में) सेनाएँ भेजे जाने से सम्बन्धित निर्णय लिए जाने, योजनाएँ बनाने और आदेश दिए जाने से सम्बन्धित घटनाक्रम का सच्चा विवरण इस प्रकार से है:

"(क) 24 अक्टूबर (1947) को थलसेना के प्रमुख सेनापति को सूचना प्राप्त हुई कि कबायलियों ने मुजफ्फराबाद पर अधिकार कर लिया है। कश्मीर पर हुए आक्रमण का यह प्रथम संकेत था;

"(ख) उक्त तिथि से पूर्व कश्मीर में भारतीय सेनाएँ भेजने के लिए न तो किसी तरह की योजनाएँ बनाई गई थीं तथा न ही उन पर कोई विचार किया गया था;

"(ग) 25 अक्टूबर की प्रातःकाल में हमें आदेश प्राप्त हुए कि हम विमानों द्वारा और स्थल मार्गों से सैनिक टुकड़ियों को कश्मीर में भेजने की योजनाओं की जाँच करें और उन्हें तैयार करें, लेकिन कबायलियों के आक्रमणों को रोकने के लिए ही ऐसा करना आवश्यक हो, इस सन्दर्भ में हमें मिला (यही) प्रथम आदेश था। उससे पूर्व ऐसी योजनाओं की जाँच करने और उन्हें तैयार करने के लिए कोई कदम नहीं उठाए गए थे;

"(घ) 25 अक्टूबर को दोपहर में हमने भारतीय थल सेना तथा वायु सेना का एक स्टाफ अधिकारी विमान से श्रीनगर भेजा। वहाँ उसने कश्मीर राज्य के सैनिक अधिकारियों से भेंट की। यह भारतीय सेनाएँ कश्मीर में भेजने के सम्बन्ध में हमारे मुख्य केन्द्र के सैनिक अधिकारियों एवं कश्मीर राज्य की सेना के अधिकारियों के मध्य स्थापित हुआ सर्वप्रथम सम्पर्क था;

"(च) 25 अक्टूबर की संध्या में हमने थल सेना की एक बटालियन को (यह) आदेश दिया कि भारत सरकार द्वारा कश्मीर का सम्मिलन स्वीकार किए जाने और सेनाओं को कश्मीर में भेजे जाने का निर्णय लिए जाने की स्थिति में उसे शीघ्र ही वायुमार्ग से श्रीनगर जाने के लिए तैयार हो जाना है;

"(छ) 26 अक्टूबर को अपराह्न में हमने वायुमार्ग द्वारा अपनी सैनिक टुकड़ियों को कश्मीर भेजने की अपनी योजनाओं को अन्तिम रूप प्रदान किया; तथा

"(ज) 27 अक्टूबर को सूर्योदय होते ही, कश्मीर (राज्य) के सम्मिलन समझौते पर हस्ताक्षर होने के साथ, वायुमार्ग से भारतीय सेनाओं को कश्मीर भेजने की कार्यवाही प्रारम्भ हुई।

"इस प्रकार 25 अक्टूबर (1947) से पहले, कबायलियों के आक्रमण प्रारम्भ होने के तीन दिन बाद तक भी, न तो भारतीय सेनाओं को कश्मीर भेजने की योजना बनाई गई थी और न ही उस पर कोई विचार ही किया गया था।"

2. मेहरचन्द महाजन।

3. रामचन्द्र काक।

4. जवाहरलाल नेहरू।

5. लार्ड माउन्टबेटन।

6. समय-समय पर यथा संशोधित संविधान (जम्मू-कश्मीर राज्य को लागू होना) आदेश, 1954 (सं0 आ 48) परिशिष्ट एक में देखिएगा।

7. महाराजा हरि सिंह की पत्नी के भ्राता।

8. नेशनल कॉंफ्रेंस।

****

घटनाक्रम

(3000 ईसा पूर्व—1956 ईस्वी)

3000 (ईसा पूर्व)	:	श्रीनगर के निकट बुर्जहोम में नवपाषाणकालीन बस्ती और संस्कृति।
2500-2000 (ईसा पूर्व)	:	हड़प्पाकालीन संस्कृति का प्रभाव।
2000 (ईसा पूर्व)	:	आर्यों का भारत-आगमन और कश्मीर से उनका परिचय।
1500 (ईसा पूर्व)	:	ऋग्वेद के लिपिबद्ध किए जाने का अनुमान; ऋग्वेद में झेलम नदी के प्राचीन नाम वितस्ता का उल्लेख।
1500-700 (ईसा पूर्व)	:	वैदिक संस्कृति, दर्शन और धर्म-सम्प्रदाय के अन्तर्गत कश्मीर घाटी।
छठी-तीसरी शताब्दी (ईसा पूर्व)	:	मगध मौर्यकाल, जिसमें वैदिक-हिन्दू के अतिरिक्त, बौद्ध दर्शन और धर्म-सम्प्रदाय का भी कश्मीर घाटी में प्रवेश।
268-232 (ईसा पूर्व)	:	भारत के सम्राट अशोक के राज्य के एक भाग के रूप में कश्मीर; कश्मीर घाटी में बौद्ध धर्म-सम्प्रदाय और दर्शन का व्यापक प्रचार व प्रसार; अशोक द्वारा घाटी में सैंकड़ों बौद्ध विहारों का निर्माण।
दूसरी शताब्दी (ईसा पूर्व)	:	जलूका और दामोदर के नेतृत्व में शैव मत का घाटी में व्यापक प्रचार व प्रसार।
प्रथम शताब्दी (ईसा पूर्व)	:	भारत में शकों का आगमन; गांधार और स्वात घाटी के साथ ही कश्मीर घाटी के भाग भी राजा माविस के राज्य का अंग बने।
प्रथम शताब्दी ईस्वी	:	कुषाण साम्राज्य की स्थापना, जिसके अन्तर्गत पूरा अफगानिस्तान, मध्य एशिया के अनेक भाग, आर्कोसिया, पार्थिया और कश्मीर भी थे।

प्रथम-द्वितीय शताब्दी ईस्वी :	कनिष्क के राज्यकाल के समय कश्मीर घाटी में बौद्ध दर्शन व धर्म-सम्प्रदाय का व्यापक प्रसार; चतुर्थ बौद्ध संगीति का वहाँ आयोजन हुआ।
द्वितीय शताब्दी ईस्वी :	कश्मीर के माध्यम से उत्तरी भारत में बौद्ध दर्शन की महायान विचारधारा की स्थापना।
चौथी-पाँचवी शताब्दी ईस्वी :	भारत में गुप्त साम्राज्य; चन्द्रगुप्त विक्रमादित्य के बाद कश्मीर घाटी की स्वतंत्र स्थिति।
पाँचवी शताब्दी ईस्वी :	अभिमन्यु-प्रथम के शासनकाल में शैव मत का कश्मीर घाटी में प्रचार-प्रसार; गोनन्द वंश में वैदिक-हिन्दू दर्शन का विकास; भारत में पुराणों की रचना का कार्य पूर्ण; पुराणों में शिव की पत्नी उमा या पार्वती के कश्मीर से सम्बद्ध होने का उल्लेख।
छठी शताब्दी ईस्वी का प्रथमः	हूण शासक मिहिर गुल अथवा मिहिर कुल के अधीन राज्य में कश्मीर का सम्मिलित होना; गुर्जरों का कश्मीर घाटी में स्थापित होना तथा उपरान्त स्थानीयजन के साथ उनका मिश्रण; शैव मत या दर्शन को संरक्षण; हूण शासक गोपादित्य द्वारा श्रीनगर की गोपा पहाड़ी (वर्तमान में शंकराचार्य पहाड़ी) पर भव्य शैव मंदिर का निर्माण।
छठी शताब्दी ईस्वी का उत्तरार्ध :	करकोटा वंश के संस्थापक प्रवसेन-द्वितीय की कश्मीर में सत्ता और उन्हीं के द्वारा प्रवरपुर की स्थापना किया जाना।
606-647 ईस्वी :	हर्षवर्धन का साम्राज्य; कश्मीर में हर्ष के साम्राज्य के साथ ही दुर्लभवर्धन का शासन; चीनी यात्री हुऐन सांग की भारत के अनेक अन्य भागों के साथ कश्मीर घाटी की यात्रा; बौद्ध दर्शन और धर्म-सम्प्रदाय का घाटी में पूर्णतः बोल-बाला; हर्षचरित्र में बाणभट्ट द्वारा कश्मीर पर वर्धन साम्राज्य के आधिपत्य का उल्लेख· वैदिक-हिन्दू

		दर्शन का भी प्रभाव व प्रसार; नालन्दा विश्वविद्यालय में कश्मीरियों का विद्याध्ययनार्थ आगमन।
661 ईस्वी	:	प्रतापवर्धन कश्मीर का शासक बना।
724-761 ईस्वी	:	ललितादित्य शासनारूढ़ हुआ; राज्य में अनेक हिन्दू और बौद्ध धर्म-स्थलों का निर्माण, विशेष रूप से मार्तण्ड में सूर्य मंदिर की स्थापना; वाक्पति राजा और भवभूति का राज-दरबार में सम्मान।
नौवीं-चौहदवीं शताब्दी ईस्वी	:	उत्पल और लौहारा वंश का कश्मीर में शासन; कल्हण द्वारा संस्कृत भाषा में 'राजतरंगिणी' की रचना; रानी दीदा का उदय; राज्य में प्रशासनिक स्तर पर अस्थिरता एवं दुर्बलता; अफगानिस्तान की ओर से मुसलमानों का कश्मीर पर प्रथम आक्रमण और आक्रमणकारियों के नेतृत्वकर्त्ता दुलचू की पराजय; शाहमीर का सत्तारूढ़ होना; शेख नूरूद्दीन नामक सूफी सन्त का कश्मीर घाटी में आगमन और उनके प्रभाव से हजारों हिन्दुओं का धर्मान्तरण; शाह हमदानी व अन्य कट्टरतावादी मुस्लिमों का प्रवेश और धर्मान्तरण में भारी वृद्धि; मंदिरों सहित अनेक धर्म-स्थलों का विध्वंस और हिन्दू धर्म-ग्रन्थों का विनाश; हिन्दुओं पर जजिया कर लगा; बौद्ध दर्शन व स्थलों पर आक्रमण; इस्लाम का प्रभाव व उसके अनुयायिओं का बहुमत; राज्य से मुसलमानों को छोड़कर अन्य धर्मावलम्बियों का पलायन प्रारम्भ।
पन्द्रहवीं शताब्दी ईस्वी	:	जैनुल आबीदुदीन का शासन; घाटी में उदारता की नीति; सुन्नी-शिया विवादों का दौर प्रारम्भ; सामन्तों व कबिला-प्रमुखों का बढ़ता वर्चस्व।
सोलहवीं शताब्दी ईस्वी	:	मुगल शासक हुमायुँ के काल में मुगल सेना का कश्मीर पर आक्रमण; मुगल सेनापति हैदर की घाटी पर अल्पकालिक सत्ता की स्थापना; सत्ता के लिए स्थानीय शासकों के मध्य आपसी संघर्ष और झगड़े; शताब्दी के

उत्तरार्ध में, अर्थात 1589 ईस्वी में अन्ततः अकबर का कश्मीर पर अधिकार; मुगल साम्राज्य के शासक के अन्तर्गत कश्मीर का आ जाना; घाटी में राजनीतिक स्थिरता तथा शान्ति का क्रम प्रारम्भ होना; कश्मीर की पृथक पहचान का लोप होना; पिछड़ेपन का दौर प्रारम्भ; विद्वानों और ज्ञानियों का कश्मीर की घाटी से पलायन; स्थानीय भूमि के जन-अधिकार की समाप्ति।

1757 : अफगान शासक अहमदशाह अब्दाली का कश्मीर पर अधिकार; घाटी की भरपूर लुटाई और वहाँ आतंक एवं क्रूरता से भरा शासन; दासता का नया युग; धर्मान्तरण का क्रम जारी रहा, जजिया कर को पुनः लागू किया गया; उच्चवर्गीय हिन्दुओं को प्रशासन में लिया गया।

1819 ईस्वी : लाहौर के सिक्ख शासक महाराजा रणजीत सिंह द्वारा कश्मीर पर अधिकार; हिन्दुओं के हितों को प्राथमिकता; 1839 में महाराजा रणजीत सिंह की मृत्यु।

1846 ईस्वी : अंग्रेजों का कश्मीर घाटी पर नियंत्रण, उपरान्त 16 मार्च, 1846 को अंग्रेजों द्वारा पचहत्तर लाख रुपये की राशि के बदले 'अमृतसर की सन्धि' के प्रावधानों के अन्तर्गत उसका जम्मू के डोगरा सरदार गुलाब सिंह को विक्रय किया जाना।

1857-1885 ईस्वी : महाराजा रणबीर सिंह का द्वितीय डोगरा शासक के रूप में कश्मीर पर शासन; यासीन व दार्द घाटी, और चीन के सिक्यांग से सटे हुए क्षेत्रों, हूँजा एवं नागर को जम्मू-कश्मीर राज्य में सम्मिलित किया जाना; हिन्दू धर्म-स्थलों के पुनरोद्धार का कार्य।

1885 ईस्वी : डोगरा वंश के तृतीय शासक के रूप में महाराजा प्रताप सिंह जम्मू-कश्मीर की गद्दी पर आरूढ़ हुए; अंग्रेजों द्वारा राज्य में रैजिडंट की नियुक्ति; अनेक नवयुवक

उच्च शिक्षा के लिए भारत के अन्य स्थानों और विदेशों में भी गए; अपेक्षाकृत लोकप्रिय व उदार शासन।

1905 ईस्वी : राज्य-संचालन-परिषद का भंग किया जाना।

1912 ईस्वी : अमृतसर (पंजाब) में कश्मीरी मुसलमानों के सम्मेलन में मुस्लिमों के लिए निःशुल्क शिक्षा-व्यवस्था की माँग।

1915 ईस्वी : राजा अमर सिंह के पुत्र और महाराजा प्रताप सिंह के भतीजे हरि सिंह को राज्य का उत्तराधिकारी शासक नियुक्त किया गया।

1925 ईस्वी : महाराजा हरि सिंह जम्मू-कश्मीर राज्य के चतुर्थ एवं अन्तिम डोगरा शासक के रूप में सत्तारूढ़ हुए; महात्मा बुद्ध सिंह द्वारा राज्य में किसान-दल का गठन।

1927 ईस्वी : राज्य के मूल निवासियों को ही सरकारी नौकरियों में लिए जाने से सम्बन्धित शासकीय आदेश; भूमि हस्तान्तरण, हथकरघा और शाल-उद्योग के बारे में नीति की घोषणा।

1930-1931 ईस्वी : राज्य के आन्दोलनरत मुसलमान सड़कों पर उतरे; ग्लैंसी आयोग की नियुक्ति।

1932 ईस्वी : अखिल जम्मू-कश्मीर मुस्लिम कॉंफ्रेंस का गठन; शिक्षित मुसलमान नवयुवकों को सरकारी सेवाओं में लिए जाने तथा सीमित मताधिकार के आधार पर प्रजा-सभा के गठन की घोषणा; शेख अब्दुल्ला के नेतृत्व में मुस्लिम कॉंफ्रेंस का आन्दोलन और उसमें आया नया मोड़; आन्दोलन के स्वरूप के सम्बन्ध में भारत के हिन्दुओं में तीव्र प्रतिक्रिया।

1934 ईस्वी : ग्लैंसी आयोग की संस्तुतियों को शीघ्र लागू करने की माँग के साथ महाराजा हरि सिंह को मुस्लिम कॉंफ्रेंस का ज्ञापन; साम्प्रदायिक सद्भाव को छोटे-छोटे झटके लगे।

1936-1939 ईस्वी : अखिल जम्मू-कश्मीर मुस्लिम कॉंफ्रेंस के झण्डे तले कश्मीरियों के छुट-पुट आन्दोलन; 8 मई, 1936 को

राज्य में उत्तरदायी शासन-दिवस मनाने की घोषणा; मुस्लिम कॉंफ्रेंस दो भागों में बँटी; आजाद मुस्लिम कॉंफ्रेंस का गठन; 27 अप्रैल 1939 को अखिल जम्मू-कश्मीर मुस्लिम कॉंफ्रेंस का नाम परिवर्तित करके अखिल जम्मू-कश्मीर नेशनल कॉंफ्रेंस हो गया; नेशनल कॉंफ्रेंस का भारतीय राष्ट्रीय कॉंग्रेस और अखिल भारतीय देशी-राज्य प्रजा-परिषद के साथ सम्पर्क।

1941 : चौधरी गुलाम अब्बास द्वारा मुस्लिम कॉंफ्रेंस को पुनर्जीवित करने की घोषणा; मुस्लिम लीग का मुस्लिम कॉंफ्रेंस को समर्थन।

1942 : भारतीय साम्यवादी दल की जम्मू-कश्मीर राज्य इकाई का गठन।

1944 मई : शेख अब्दुल्ला के निमंत्रण पर मुहम्मद अली जिन्ना का कश्मीर दौरा; मुस्लिम कॉंफ्रेंस व नेशनल कॉंफ्रेंस, दोनों, को एक करने का प्रयास; शेख अब्दुल्ला द्वारा जिन्ना को भारतीय मुसलमानों का प्रिय नेता घोषित किया जाना; जिन्ना द्वारा मुस्लिम कॉंफ्रेंस को वास्तविक कश्मीरी संस्था घोषित किया जाना।

1946 : शेख अब्दुल्ला द्वारा व्यक्तिगत रूप से महाराजा हरि सिंह के विरुद्ध आन्दोलन छेड़ा जाना और महाराजा से राज्य को छोड़कर चले जाने की माँग; शेख अब्दुल्ला की गिरफ्तारी और उन्हें तीन वर्ष के लिए कारागार भेजा जाना; पण्डित जवाहरलाल नेहरू द्वारा शेख अब्दुल्ला को बन्दी बनाए जाने के निर्णय की आलोचना और निन्दा।

1947 जुलाई : सरदार पटेल द्वारा जम्मू-कश्मीर राज्य के प्रधानमंत्री पण्डित काक को पत्र, जिसमें सरदार ने शेख अब्दुल्ला की रिहाई की बात की; नेहरू की कश्मीर-राज्य की यात्रा और वहाँ उनकी गिरफ्तारी; शेख अब्दुल्ला का कारागार से 26 सितम्बर को महाराजा हरि सिंह को पत्र, जिसमें

शेख ने महाराजा और राज-सिंहासन के प्रति निष्ठा प्रकट की; शेख अब्दुल्ला की रिहाई; अक्टूबरः उत्तर-पश्चिमी सीमा-प्रान्त के कबायलियों का पाकिस्तान की सेना के सहयोग से कश्मीर घाटी में आगमन, उनके द्वारा राज्य में लूटपाट, अनेक क्षेत्रों पर कब्जा; 26: महाराजा हरि सिंह का अपने राज्य का भारत से सम्मिलन का निर्णय; भारत द्वारा महाराजा के निर्णय को स्वीकार किया जाना; 27 : भारतीय सैन्य टुकड़ियों का कश्मीर में प्रवेश; सैनिक कार्यवाही और कबायलियों की गतिविधियों पर नियंत्रण; नवम्बरः पाकिस्तान के गवर्नर-जनरल जिन्ना और वहाँ के प्रधानमंत्री लियाकत अली खान के साथ कश्मीर के मुद्दे पर भारतीय गवर्नर-जनरल लार्ड माउन्टबेटन की चर्चा; दिसम्बरः शेख अब्दुल्ला के नेतृत्व में जम्मू-कश्मीर राज्य में अन्तरिम सरकार का गठन।

1948 जनवरी : राज्य का मामला संयुक्त राष्ट्र संघ को सौंपा गया; मई 7 : जम्मू-कश्मीर राज्य में स्वतंत्रता-समारोह सप्ताह की शुरुआत; अक्टूबर में सरदार पटेल ने शेख अब्दुल्ला के कार्य-कलापों से असहमति प्रकट की।

1949 जनवरी 5 : युद्ध-विराम रेखा का निर्धारण; अप्रैल 4 : शेख अब्दुल्ला ने भारत और पाकिस्तान-दोनों-उपनिवेशों से मित्रता की बात की; कश्मीर के महाराजा द्वारा हस्तान्तरित सम्मिलन समझौते को अस्थायी बताया; अनुच्छेद (306-अ) का प्रारूप, जो कश्मीर राज्य के सम्बन्ध में था, पुनः संशोधित किया गया, लेकिन शेख अब्दुल्ला ने उसे भी स्वीकार नहीं किया; नवम्बर 3: सरदार पटेल ने शेख अब्दुल्ला के अपने वचन भंग करने और उनके शंकास्पद चरित्र के बारे में पण्डित नेहरू को लिखा; संविधान में जम्मू-कश्मीर राज्य से सम्बन्धित विशेष अनुच्छेद 370 का प्रावधान किया गया।

1950 जून	**:**	**सरदार पटेल ने जम्मू-कश्मीर राज्य की परिस्थितियों, शेख अब्दुल्ला के रवैये और वहाँ हो रही साम्यवादी घुसपैठ के बारे में चिन्ता व्यक्त की।**
1952 नवम्बर 14	**:**	**जम्मू-कश्मीर राज्य की संविधान सभा ने युवराज कर्ण सिंह को अपना प्रथम राज्याध्यक्ष-सदर-ए-रियासत-निर्वाचित किया।**
1953 अगस्त 9	**:**	**राज्य की सरकार को बर्खास्त करके शेख अब्दुल्ला को गुलमर्ग में बन्दी बनाया गया; बख्शी गुलाम मुहम्मद राज्य सरकार के प्रमुख बने।**
1956 नवम्बर 26	**:**	**जम्मू-कश्मीर राज्य की संविधान सभा ने सर्वसम्मति से निर्णय लेकर राज्य का अन्तिम रूप से भारत के संघ के साथ विलय कर दिया।**

*****